雲の上で出会った超一流の仕事の言葉

黒木安馬

あさ出版

はじめに

ＪＡＬ国際線チーフパーサーとして30年間、高度１万ｍを飛行すること2万時間、地球を８６０周も回る経験をしてきた。

５００人も乗る大型旅客機の国際線、それも私が総責任者として乗務した密室空間のファーストクラスは、普段では一般人が会うこともできないスーパースターの「見本市」会場であった。

月間20日間はＣＡ（Cabin-Attendant）と一緒に海外をフライトし、アポイント不要で世界的ＶＩＰと一対一で話す。それが、ホテルでもなくレストランでもない、１万ｍ上空の密室での、機内責任者としての私の仕事だった。

天皇陛下を始め、さまざまな国の国王や大統領、はたまたオードリー・ヘップバーンや本田宗一郎、松下幸之助など、ＴＶや映画でしか会えないような、まさに「雲の上」の方々と会話ができる別世界は、千載一遇の大役得の経験だった。

突然だが、北極上空を通過するときに磁石を取り出してみるとどうなるか、ご存知だろうか。

針はグルグル回る。丸い地球、北のてっぺんでは、どの方向を向いても360度の全方向が南なのだ。

天を指差せと言われれば誰でも人差し指を上に向けるが、日本と地球の真反対側にあるブラジルでは、人は皆、反対の方向を指すことになる。

学生時代までの試験では正解は一つしかないが、社会に出れば人の数ほど正解があるのだ。

ある日、イギリス人CAとの会話でこんなことがあった。

ロンドンから長距離便で成田空港に到着すると、翌日は一日、休憩日となる。

「昨日の休日はどこか出かけたの？」

「とても楽しかった、場所の名前は忘れたけど漢字は覚えていますよ」

「それはすごい。どんな漢字？」

「スリー・ボックス、スリー・ライン」

「えっ、どこ？」

彼女はスラスラと書いてみせた。

——品川！　確かに、箱が三つに線が三本である。

漢字をそのように見たことがなかったので驚いた。


こんなこともあった。

世界各国から集まっている訓練生たちを連れて国内を案内したのだが、たくさんの質問が出た。例えば、相撲観戦では、

「塩を土俵にまくのはなぜ？」

「片手を交互に広げているのは何の意味？」

「シコを踏むとは何？」

と続く。

神社に行けば、

「さっきの神社の鳥居は赤かったのに、これは白木、何が違うの？　鳥居の貫《ぬき》が柱の外に

突き出しているのと、出ていないのもあるし」

という質問が出る。

どれも答えられないことばかりであった。


ある時、本田技研工業創業者の本田宗一郎さんが機内で言った。

「牛の角と耳はどちらが前だと思う？　……正解はね、〝観れば〟わかる！」

漫然と「見る」ではなく、そのつもりで「観る」ということである。

確かに、自分の腕時計ですら見ないで描いてみろと言われたら、正確に思い出せない。生まれた時から存在するものは違和感なく当たり前でしかないのである。

これらの出来事をきっかけに、虚心坦懐、無垢な好奇心で「観る」と、周りの世界は一変し、機内の出来事も新発見の連日となった。ウロコが落ちるどころか目からウロコがハクリした。

他人さまにはあれこれと忠告や批判をしているものの、自己は「観て」いないという大きな気づきになった。

このような体験を乗務日誌に書き綴ったものを出版したのが、『出過ぎる杭は打ちにくい！』（サンマーク出版）である。国際線機内図書としても搭載され、版を重ねるたびにダンボール数箱分になる感想の手紙をいただいた。

その後、知己を得た方々とはコンタクトを取り続けて、この方は！と思う各人との貴重な対話を深く掘り下げ、２０１９年に『国際線乗務30年で観た成幸者たちの法則』（日本工業新聞社）という本を出版した。

各方面から好評いただいたこの本を加筆修正して、さらに新たな「超一流の人生の達人たち」に多くご登場願ったのが本書である。

本書が、人生羅針盤の一助となれば「最幸」の至りである。

黒木安馬

もくじ

第2章　胸が熱くなる言葉

第3章 強くなれる言葉

第4章　人生が楽しくなる言葉

校正　東京出版サービスセンター

第1章

背中を押してくれる言葉

「素直に人の言うことを信じる者、全部合わせた漢字が、『儲』や」

松下幸之助

松下電器創業者／松下政経塾設立者

8次試験の最終面接で、唐突な質問がなされる。

「あんた、自分は運が良いほうだと思うかね？」

「お酒は好きかね？」「女は好きかね？」などと続く。

全国から集まった超一流精鋭たちの競争率は40倍以上、そこで曖昧な返事で誤魔化したり逃げたりするようだと世の中を動かす指導者には向かないと、その時点で合格から遠ざかることになる。運が良くないほうだと口から出る人間を信頼して付いていく人はいない。運とは、自らの意志で切り開き運ぶものであり、他人が運ぶものではない。

先ほどの質問の意図は三つ。運の良い人か、IQではなく愛嬌の「高い」人か、自分の意見をはっきり言える人か。

受験者がドアをノックして入ってくる時はほとんど居眠りしているかと思うほどだが、最後にこのような質問が飛び出してきたものだったとか。

面接が終わって、閉めたドアの向こう側の息遣いにも注意を払って観察していたと言われる、気配りの松下幸之助《まつしたこうのすけ》の実話である。

ある日のこと。ファーストクラスで温厚なご老体のVIPのお客さまと目が合った。

「君たちが制服を着て飛行機に乗るのを見ていて、まあ何と良い商売だろうなと思っていたが、こうして座ってそばから見ていると重労働ですなあ。上下左右と揺れる中で、休みもしないで働く。ご苦労様。お忙しそうだから申し訳ないけど、暇な時で良いから水を一杯いただけませんかな」

そのお客さまは深々とお礼の頭を下げられた。こういう人こそ「実るほど頭を垂れる稲穂かな」と言うのかと感動したものである。人生の達人と言えよう。

素敵な紳士は続ける。

「一つだけお聞きしたいのだが、あれだけの種類のワインをよく見分けられるものですな。何かコツでもあるのですかな？」

「いやいや、簡単なことです。瓶の形でほぼ見分けがつくのです。肩が張っているのはボルドータイプ、なで肩はブルゴーニュ、ほっそりしているなで肩はドイツワイン系統……。後ろから見ても特徴がありますので」

「なるほど！」

何を話しても、なるほどの連続。そして、私ごとき者が言うことを丹念にメモされたのである。いや、文章のメモではなく瓶の形と特徴のスケッチであった。

「お礼に一つ。これはご存知かな」と、箸袋を開いた紙に書かれた。

「一本の棒は倒れるやろ、もう一本で支えると、人という漢字になる。人間は一人では生きていかれへんのや。人は猿とか犬と違って話すことができるやろ、人が言うを合わせると信じるになる。素直に人の言うことを信じる者、全部合わせた漢字が、『儲』や」

それだけのやりとりであったが、後の大変な財産になったのは言うまでもない。

この紳士は、「なるほど」の神様、松下幸之助翁である。


彼の遺訓の一つとして「『知っている』と言わないこと」が挙げられる。

社員の誰かが「社長、こういう情報がありますが……」と知らせてくれた時に、「そんなことは知っているよ」と言えば、「そりゃそうだ、社長なのだから知っていて当たり前か」と、次から誰も知らせようとしなくなる。そうなれば次第に裸の王様になっていく。軌道修正ができなくなって会社も本人もおかしくなってしまう。


松下幸之助は、父の破産で和歌山から出てきて9歳で丁稚奉公する。その後、大阪市内を走り始めた路面電車の電気の力に大感動して、関西電力の前身である大阪電燈に16歳で入社、７年勤務し、簡単に電球を取り外すことができる電球ソケットを在職中に考案して独立。松下電器産業（現・パナソニック）をつくり大病を患うなど波乱万丈の後に、経営の神様と呼ばれるようになる。

彼が提唱したＰＨＰ（Peace and Happiness through Prosperity／繁栄によって平和と幸福を）はその実体験理念から生まれたとか。

24歳の政経塾生に、86歳の幸之助は檄を飛ばした。

「誰もおらん芝生の広場で演説練習しても始まらんでえ、駅前で皿回しをせい！　そうやって人が集まったところで毎日やれ！」

このときの政経塾生が、辻立ち演説に磨きをかけて育った、後の野田佳彦総理大臣である。

松下政経塾に掲示してある直筆には、次のように書いてある。

――若き人びとよ。つくりあげられた今までの世紀のなかで、あなたが育ってきたけれど、今度はあなたとあなた方の子どものための世紀を、自らの手で作り上げなければならない時がきているのである。

世界をどう変えるのか。日本をどんな国にしていくのか。そのなかで、自分はどんな役割を果たしていこうとするのか。二十一世紀は、もう始まっている。成功するまであきらめない。成功の秘けつは成功するまでやめないこと。青春とは心の若さである。信念と希望にあふれ、勇気にみちて日に新たな活動をつづけるかぎり、青春は永遠にその人のものである。――


「鳴かぬなら　鳴くまで待とう　ホトトギス」は、機が熟するまで辛抱強く待つ、家康の忍耐強さを表現している。

「鳴かぬなら　殺してしまえ　ホトトギス」は、戦国の雄である信長。

「鳴かぬなら　鳴かせてみせよう　ホトトギス」は、権力の秀吉。

松下幸之助は、「鳴かぬなら　それもまたよし　ホトトギス」と答えている。

松下幸之助が「松下電器は〝人をつくっている会社〟です！」と豪語したように、生きた哲学には学ぶものが多い。

「自分の日給は？　時給は？
知っているのか？」

泉谷直木
アサヒグループホールディングス取締役会長

『風と共に去りぬ』で有名なアトランタへの直行便で着陸後、我々乗務員は新築の日航ホテルに到着した。

ロビーのレストランで、一緒だった搭乗客の団体さんが休憩している。

「コーヒーは機内でずっと飲んだから、カルピスをもらおうかな……。カルピス、プリーズ！」

それを聞いたウェイトレスは、「What!?」と驚き、周りのアメリカ人たちが大爆笑している。アメリカに日本の「カルピス」があるはずもないが、その発音が、「Cow-Piss（牛の小便）」にしか聞こえなかったからだ。


機内で、その面白話の出来事をアサヒビール社長（当時）の泉谷直木《いずみやなおき》さんと談笑していたら、カルピスはニッカウヰスキーと同様にアサヒビールの傘下企業ですよ、と聞いたので驚いた。

後日、パーティー会場で泉谷さんと再会した。紹介したい人がいるからと呼ばれたら、カルピスの社長だった。

「いやはや、ことの発端は黒木さんだったのですか！　泉谷さんからお聞きして、海外輪出ブランド名は『カルピコ』に急ぎ変更しましたよ」

最近の日本のビールは、アサヒのスーパードライのように新世界を切り開いて世界一美味しいと言われるまでになったが、30数年前まではアメリカやヨーロッパにフライトで行くたびに、現地の美味い本場ビールを持ち帰って、友達に飲ませて自慢したものだ。

日本ではビールは、1600年の関ヶ原の戦いから13年後、長崎にオランダ人が持ち込んでいる。幕末のグラバー邸で坂本龍馬、岩崎弥太郎が飲んでいる。明治維新後、堺の鳥井駒吉が大阪麦酒会社を創業、日本初のビール製造会社となる。

駒吉は南海電鉄など数多くの事業を起こして成功させ、西洋の物真似から日本独自のビールを造ろうと社名を「日出る国のビール」として、「朝日ビール」とする。

今日では浅草雷門の隅田川に、金色に輝く大きく横たわる雲みたいなビールの泡をイメージしたオブジェを屋上に載せたアサヒグループ本社がある。

ＮＨＫドラマの『マッサン』で有名になった竹鶴政孝のニッカウキスキー、ベビーフードの老舗である和光堂や、ＣＡＬＰＩＳなど大手企業を傘下に持つ、アサヒグループホールディングスの本拠だ。

比叡山、高野山などで1200日修行を積んだ日本経営道協会の市川覚峯《いちかわかくほう》さんが山城経営研究所で指導されておられる時代に、ある出会いがあった。

それが、アサヒビール中興の祖である村井勉《むらいつとむ》さんのカバン持ちで広報課長になりたての、京都産業大学卒の泉谷直木さんであった。

やがて課長から部長になり、そして執行役員にまでなった泉谷さんに、覚峯師匠は助言する。「沈黙を聴け、我慢・謙虚が肝要」だと。

取締役に昇進した時は、「一瞬にして気をつかみ、気を使え。修行、教養、情熱、そして上から振りかざす権力ではなく、下から見た尊敬である権威を持て」。

常務取締役に昇進した時には、「恕、許す寛容な心」。

営業本部長に昇進した時には、「人の心に影響を与えよ、心で引っ張る大将の器」。

専務取締役に昇進した時には、「常に大儀を考えよ、わが社は何のためにあるのか」。

そして、ついにアサヒグループホールディングス社長に就任すると、「山頂の松の木に学べ、強風で風化した岩山で根を張る松。人徳が勝負！」と、助言されたという。

各職位に昇格するたびに覚峯師匠から助言を受けた言葉を、克明に記録して覚えていることに大きく感動した。

泉谷さんの言葉の一つに、「自分の日給は？　時給は？　知っているのか？」というものがある。そこまで考えて働いている人が、どれくらいいるだろうか。

会社がチャレンジして社員と夢を共有して燃え、その燃える油を染み込ませて活力は生まれる。

部下に指示する時、一から十まで説明すると、部下は「わかりました」と言う。だが三で止め、質問しながら部下の考えを引き出す。考えている時は沈黙して待つ。「沈黙を聴け」とはこのことである。

これを繰り返し、部下が納得して「やります！」と宣言すると、気合が違う。謙虚さや我慢強さ、部下への愛情、使命感がなければできない。

「以前こういうことをやっていたね、見ていたよ、今回はそれよりむずかしいけど、どうすればできると思う？」と、これまでの仕事ぶりなどを把握し、こちらがしっかり準備して臨むと、相手も応えてくれる。

杓子定規で個性がなく全員が同様で無難な答えを出す金太郎飴集団ではなく、知恵戦略のサル・実行部隊のイヌ・情報偵察のキジ、それをまとめて鬼退治をする桃太郎軍団を目指すのである。リーダーの人選によって、サポートする人材の組み合わせも変わらなくてはいけない。

欧米企業ではトップが変わると同時に役員も何人か辞めて別の人材がボードメンバーとして入ってくる。競争した人間同士を残すと意見がぶつかって意思決定が遅くなるからだ。

昔、シェアを落として「夕日ビール」とまで言われたアサヒビール。若い社員たちが「ドライなビールを」と提案したのに対し、前例がないからと役員会は2回も否定した。

それを、「だからこそヤル！」とその提案を実現させていった社風が、ついにアサヒビールをシェアトップまで押し上げた。

今や、欧米も含めた海外に行くと、日本のビールとしてアサヒのスーパードライが出てくる。すごい！

#「想い描けないものは、決して実現しない！」

澤田秀雄
ＨＩＳ創業者／Skymark Airlines 創業者

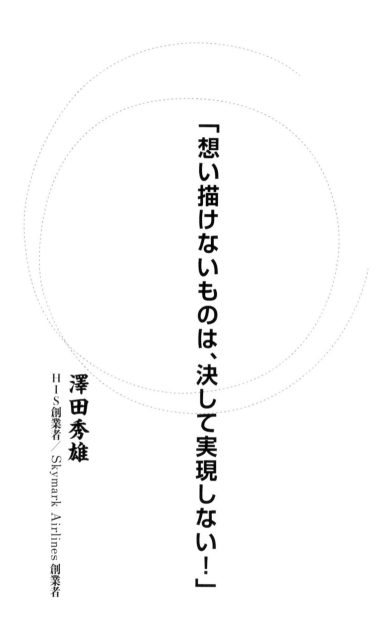

1969年1月、東京大学・安田講堂に籠城して火炎瓶を投げ落とす学生と機動隊の激しい攻防が繰り広げられた。こんな状況の日本の大学ではしばらくは勉強にならない、せっかくだったら外国の大学に行こうと決心した大阪の男がいた。

HIS創業者の澤田秀雄《さわだひでお》である。

アルバイトで貯めたお金で、旧西ドイツのマインツ大学経済学部へ進学。当時は1ドル360円の時代で、飛行機に乗って海外に行くなど、特権階級のビジネスパーソンが当然の世相であった。国際見本市で日本人ビジネス客が多いことから、ドイツ語通訳のアルバイトで忙しくなり、観光案内も頻繁に頼まれるようになる。その間、何でも見てやろうと、4年半で世界40カ国以上も旅した。そんな大学生だった。

そんな中、多様なルートの写真入り観光案内パンフレットをつくってホテルのフロントに置かせてもらうことを考案。フロントのマネジャーには紹介料を払い、40数年前当時の金額にして、月に200万円も稼いだという。

お客に満足してもらって、ホテルに喜ばれ、自分も儲ける。皆がハッピーになれる企画でなければビジネスは成り立たない。商売の基本センスやルールはこのときに培った。

日本に帰国してからは、日本発の航空運賃は外国から日本へ来る倍の料金だったのを逆手にとって、外国で往復航空券を仕入れて激安で販売した。成田空港ができて、ジャンボ機など大型化が進んでいたから座席数や格安航空券も入手しやすくなり、事業は倍々ゲームで急成長、業界の風雲児となっていく。

自社の飛行機が大空を飛んでいるイメージを常に描きながら、ついにそれが1996年11月には見事に実現して、第一便が羽田から福岡へ離陸する。

その後、九州産業交通を立て直すなど彼の実績と手腕が評価され、ある日、佐世保市長がハウステンボスを立て直してほしいと、面会にやってくる。

ハウステンボスは、興銀や松下電器グループなど大企業が力を合わせて1992年に開業。東京ディズニーランドの敷地の1・6倍、東京ドームの30倍もあり、2200億円もかけながら2003年には経営破綻、経営者も何度も変わり18年間赤字続きのままだった。

部下の取締役たちはいっせいに猛反対した。都心から数十分で行けるディズニーランド、片や福岡や長崎空港から時間をかけて佐世保の田舎まで出掛けなくてはいけない超ハンディのあるハウステンボス……。誰が考えても勝算はない。それこそ格安航空券で本物のオランダへ行ったほうが安上がりである。

彼は考えた。ここで断れば必ず壊滅する、そうすれば佐世保、長崎県、西日本、いや国までもがますます不景気に落ち込む大きな損失になる。全員が断るというむずかしい案件だからこそ、やり甲斐がある。誰が何と言おうが、やってみないことには何も結論は出ない。

こうして、2010年4月1日、社長に就任した。

1000人以上もいる、18年以上も赤字しか経験したことがなくボーナスももらったことがない従業員たち。優秀な人は先に辞めている。何度社長が変わろうが同じことだと、皆の顔色は精彩を欠いている。彼は檄を飛ばした。

「ハウステンボスは何のためにあるのか⁉ お客さまに感動を与え、地域に役立つのが我々の使命ではないか。今から言う三つの約束を守ってほしい！

伸びている会社は、整理整頓がなされて綺麗である。朝一番に15分の掃除をしよう。私も一緒にやる。特に18年以上も汚れているバックヤードから綺麗に。

ウソでもいいから明るく元気にやろう、そのように振る舞っているとそのようになる。笑顔で元気であればお客さまも喜ぶ。落ち込んでいるときこそ笑顔での失意泰然。7〜8割は失敗するかもしれないが、3割は成功する。チャレンジしない限り成功はありえない。

失敗を恐れるよりも、失敗することを恐れてチャレンジしなくなることが最悪だ。ＩＴ情報革命に乗り遅れないこと。強いから、賢いから生き残れるわけではない、恐竜が絶滅したのは変わり行く環境に適応できなかったからだ。打席に立ち続けない限り打率は上がらない。

黒字にするため、３分の１の入場無料ゾーン地帯の経費を２割減、そのためには１・２倍速く歩いて仕事をしよう。10人でやっていたところを８人でやろう。有料ゾーンのお客さま2割増収を目標にしよう。

そのためにはどんな企画が面白いか知恵を出そう。経費を2割減らして、収入を2割増やせば4割増加、利益が出ないはずはない。黒字になることをまず頭に入れること、思い込みのイメージだ。10年後、20年後の夢の共有をしよう。黒字になって全員がボーナスをもらっている夢、ウソでもいいからディズニーランドを抜いた瞬間を夢見よう。

想い描けないものは決して実現しない！　コップを頭に描けない人はコップをつくれない。描けないからできない。疑っているからできない。お客さまも、頭に描けないイベントには飛びつこうとしないし、売れない。描けた時には格段に完成度が高まる。今描けたら8割は必ず実現できる！　ハワイに行けるのはハワイに行きたいと思った人だけだ。ゴールのない走りは走れないのだから」

彼は、東京より巨大なマーケットの中国を取り込む発想で自前の大型客船、ＨＴＢクルーズを就航させた。

面白くない割に高いとの声に、夕方の入場料を１０００円に値下げするが、客足は増えない。思い切ってタダにしたがそれでも客は来ない。

そこで、明るいお化け屋敷、英語広場、教育観光、医療観光、温泉施設と次々に無料ゾーンをベンチャー企業に競争させながら貸し出すアイデアを出した。不思議なことに値上げをするたびに客は増えていった。

つぶしてアウトレット店にしようとした広大なバラ園を「百万本のバラ祭」として売り出し、５月連休明けの２週間にかける。想像を絶する夢の園みたいな壮大な景観に、13万人から16万人、18万人へと客足が伸びた。

また、冬のフランス・リヨンに視察に出かけ、リヨンが光の街としてイルミネーションで４００万人を集めることに感動すると、冬でも光の花を咲かせようと一千万本の電飾で、ディズニーランドでもできない世界一を目指した。

そうして、失敗も重ねながら試行錯誤し、社長就任して1年少々の2011年9月には、誰もが想像もしなかった奇跡を起こし、34億円の黒字会社となった。

澤田秀雄は笑顔で言う。

「運とは運ぶこと、99％はリーダーや幹部によって決まる。資源も国土もないシンガポールが、リー・クアンユーという一人のリーダーで日本を上回る黒字経済の国になった。今の青色吐息の日本もまだまだ変わることができるはず。ハウステンボスはまだ57点ぐらい、だからこそやりがいがある。プチ成功体験の積み重ねで勝ち癖をつけさせる。成功する人間はいつも明るく元気。そういう人と一緒にいないと成功は遠のく。まず自分がそうであれ。『ハウス沈没』の石ころ広場をダイヤモンドに変えることができる方法は、いつも完成図の喜びイメージを描き続けることである」

彼は、悪魔のように細心に、天使のように大胆に、人生というゲームを自分で一番楽しんでいる。

「計算して答えが出るようなことには取り組みたくはない。見たことのない未来、今までなかった正解を目指して歩いているのだから」と目をキラキラさせる。

２０２１年正月、澤田秀雄と会った。コロナ騒ぎで海外旅行はほぼゼロに近い大変な不況の中で、相当に落ち込んでいるだろうと思ったら、にこやかに元気そのもの。

私と同年だが、その前向きな陽転思考にはいつも惚れ惚れする。

なんと、「満天ノ秀そば」という名の蕎麦屋チェーンを始めたという！

「蕎麦屋じゃ経営復活はとうてい及ばないだろうと思うでしょ？　ところが、一店舗当たりの売り上げを全店舗で総額にしてみれば、考え方が変わる！」

コロナ禍で落ち込むどころか、経営多角化に舵を切り、発電など新規事業を手掛けて３～５年で柱にすると意気込む。新規ビジネスをめぐって社内で募った６０００に上るアイデアから、９～10事業を立ち上げると言う。

コロナ禍の客足や収益への影響は厳しく、まだまだ続くだろうが、接客対応や一時帰休に応じている社員の削減に踏み切る考えはないと強調していた。

影響が大きい分、戻り始めると旅行需要は急激に戻る、明けない夜はない！とほほ笑む。

「オンリーワン、ナンバーワンになるには、誰も造ったことのない酒を造ろうじゃないか！」

桜井博志

「獺祭」旭酒造三代目当主

東京の明治記念館で、桜井一宏《さくらいかずひろ》は私と名刺交換しながら、自己紹介した。

「今年の地元小学校の卒業生は五人しかいない、そんな超過疎地から出てきました。山口県の岩国の近くですが、山間部の田舎道を走って車で数時間もかかる所です。私も早稲田大学の後輩になりますので、よろしくお願いいたします！」

「へえ、山口県の過疎地にある旭酒造さんねえ」

「どんなお酒を造っているのですか？」

「ちょうど、今日は皆さんに呑んでいただくために用意しました。各テーブルに置いてあるのが、うちの酒です」

ラベルには、『獺祭』との文字が。

「獺祭は旭酒造さんの、桜井さんが造っているお酒なのですか！　これって超一流の、なかなか市中では手に入らない噂の銘酒じゃないですか」

早速、グラスに注いでもらって味見する。美味い！　スーッと何の抵抗もなく舌を転がり、美味しさがフワ～ッと広がる。今までにない新鮮な透明さと旨さ、芳香が喉元に残る。

「それにしても、また珍しいネーミングというか、普通では読めない漢字ですねえ。どういう意味なのですか？」

「実は、地元の住所が岩国市周東町獺越《おそごえ》というところなのですが、『獺』はカワウソと読むのです。カワウソは捕らえた魚を川岸に並べる習性があるとか。それが先祖を祭る供物のように見えるので、カワウソの祭り、『獺祭』と名づけたのです」

「どうして、超過疎地のお酒がこれほど有名になったのですか？」

「ええ、杜氏《とうじ》に逃げられて、背水の陣で、自殺まで考えた父親の桜井博志《さくらいひろし》が残った社員四人の素人たちだけで酒造りに挑んだのが始まりです」


夏場の耕作でしか生活ができない貧しい地方農民には、農閑期である冬の酒造りは都合がよかった。

冬季には酒造り専門家に早変わりする農民集団は、農閑期の出稼ぎで全国に足を伸ばすようになり、各地方の蔵元《くらもと》と契約して寒仕込みに精を出し、銘酒を生み出していく。昔からのしきたりで、杜氏は蔵元からその年の酒造りの全責任を任されて、一括して請け負う完全請負業者であった。部下にどういう蔵人《くらびと》を使うかなどの人事に関して杜氏は全面的な権力と責任をもち、蔵元は親方の杜氏の世界に一切《いっさい》口を挟んではいけないのが決まりである。だから毎年、丸投げで杜氏任せの酒造りに賭けるしか方法はなかったのである。

地方の造り酒屋と言えば、大きな蔵の建った富豪の象徴であったが、いつの間にか細々と生き残っている零細企業になってしまった。

その不況続きの田舎の蔵元で、杜氏が将来に見切りをつけて逃げ出してしまった。杜氏がいなければ、酒は造れない。酒がないと、江戸時代から先祖代々受け継いできた蔵元を即座に廃業するしかない。そこで残った製造経験ゼロの従業員だけで、素人の酒造りが始まった。

「限られた時季の寒い冬の寒仕込みでなくても、気温さえ一定に保てば、年中お酒は造れるのではないか。そう考えて、古い家屋の壁一面を段ボールや発泡スチロールをかき集めて覆い、中古のクーラーを買い集め、夏でも5℃の室温にして、365日仕込み可能の『四季醸造』稼働にしたのです。

そして、『オンリーワン、ナンバーワンになるには、誰も造ったことのない酒を造ろうじゃないか！』と挑戦し、今までの業界常識では考えられないほど、ぎりぎりまで原料米の山田錦を磨き込み、匠の技の極致に近い磨き2割3分の最高品質の純米大吟醸酒を造ったのです。

小規模な仕込みでないと高品質が保ちにくい大吟醸なら、小さな酒造であることを逆に強みにできると考えたからです。美味しいというお酒より、絶対的な満足、お客さまが心から満足する一本を造ろう、と。

もちろん、毎日が血のにじむような試行錯誤の連続ですが、一定の法則を見出してその軌道に乗せ、ＩＴ（情報技術）で匠の技術を極めれば、将来の可能性は無限だと無心に前進してきました。

全製造工程のデータを管理分析して品質を安定させ、品質にばらつきがないようにしました。『獺祭』は大吟醸酒だけしかつくらず、最高級品『獺祭・磨き　その先へ』は７２０㎖で３万３０００円です。一升瓶換算で年間１５０万本も量産するのですが、お陰さまで高額でも生産が間に合わず品薄で、直販では２カ月待ちの状態です。

今日では純米大吟醸酒の生産量は日本一になりました。

『獺祭』は米国やフランスなどにも輸出しており、パリの一流レストランのソムリエにも絶賛されるようになりました」

「どうして、そこまで『獺祭』が国際的に有名になったのでしょうか？」

「戦略として、国際化を狙ったことです。運が良いことに、ユニクロの柳井社長は地元山口県出身で、彼がニューヨークで新店舗開店の時に、『獺祭』を使ってくれて評判になり、その後、パリでもどんどんファンが増えました。そして、長州山口が地盤の安倍総理（当時）が、ホワイトハウスでも在外日本大使館の宴でも、『獺祭』をどんどん紹介してくれています」

「それにしてもバイヤーが世界中から過疎地に直行するとは、ただ事ではないですね？」

「一つには、コーシャー・ライセンスを取得したのが大きく影響しているようです」

私はそれで大きく納得した。そうだったのか！　なるほど……！

一般的には知られていないが、ユダヤ教では、神の教えに基づいて許可された清浄食品しか口にしてはならない。それが、コーシャーフードである。

国際線機内食でも、戒律に厳しいユダヤ教徒は一般客とは違う、特別食を予約する。コーシャーフードは、特別の祈りと封印がなされた冷凍食品であり、航空会社は常に空港の冷凍庫に在庫を用意している。機内で提供する時には、封印を確認してもらってから電子レンジで温めて出すことになる。

日本では馴染みがないが、欧米諸国に行くと、このコーシャー認定マークがついたものは、厳しい基準の原料厳選と、衛生管理の行き届いた製造過程の検査を受けてきたという、綜合安心食品マークと同等以上と認知されている。

ユダヤ教と言えばマイナーではないかと思うのは日本人だけ。世界の名だたる企業である、ロイズ保険、プルデンシャル生命保険、ゴールドマン・サックス、モルガン・スタンレー、エクソンモービル、そして、ボーイング航空機、フィリップ・モリス、ギネス、NBCテレビ、USニューズ&ワールド・リポート、ニューヨーク・タイムズ、ワシントン・ポスト、ロイター、ニューズウィークなど、ユダヤ金融財閥は数多い。その中心に君臨しているのが、世界最大のユダヤ財閥であるロスチャイルド財閥である。まさに地球上の富と情報はユダヤの世界が独占していると言っても過言ではない。

そのユダヤのトップたちが認める正規のコーシャー認定を取得するとは、どういうことか?

もちろん、簡単に許可が下りるわけではないが、認証された途端に、世界の上位5%以上の、超一流の主要顧客層を一気に手中に収めることができるのである。

富と情報を一気呵成にものにしていく、桜井さんの世界情報戦略、その行動力と炯眼《けいがん》には恐れ入るものがある。

玄人の発想は、「なぜできないのか！」の説明から始まる。素人は、無我夢中で、「どうすればできるか？」から始まる。

足元を観れば、今すぐにでも取り掛かれる、あなただけのオンリーワンはたくさんあるはずだ。

「どうやったら喜んでもらえるか、何を求められているかに応えるのが商売だ」

木村清

「すしざんまい」喜代村創業者

高校時代に当時文部省派遣で米国に留学した同期に、スペイン大使、国連大使などを含めて複数の大使がいる。

数年前の同窓会で、「あれほど大騒ぎしていたソマリア沖の海賊が、いつの間にかいなくなったけど、それには『すしざんまい』の社長が関与していると聞いたが……」と話題になった。その噂は、ハーバード・ビジネス・レビューが紹介してから、CNNやBBCも放映して、世界ではかなりの話題なのに日本では知られていないのはなぜかとなった。

サウジアラビアやイエメンなどがある砂漠の巨大なアラビア半島と、スーダン、エチオピア、ソマリアなどがあるアフリカ大陸の間にあるのが紅海である。

地中海からスエズ運河を通過して、南へ紅海を通り、ソマリア沖のアデン湾を抜けると広大なインド洋へと開ける。欧州とアジアを結ぶ海路の大動脈で、年間2万隻の商船が往来している。

その海域で機関銃やロケット砲で武装した海賊が頻繁に出没して、2008年だけで580名の船員が人質にされて膨大な身代金を要求されている。漁船を改造した高速艇だから、襲撃してくるまで漁船なのか海賊なのか不明であり、脅威は海運業界に大きな負担を強いて国際問題となっていた。それが2013年頃から急に海賊がいなくなったのである。

築地場外市場に本店がある『すしざんまい』を経営する喜代村の社長は、正月の初競りでマグロを1億円前後の最高値で買い上げる話題の主、木村清《きむらきよし》氏。その木村社長に直接会って話を聞いた。

ソマリア沖はキハダマグロが獲れる良い漁場なのだが、海賊の出没騒ぎで漁ができなくなった。調べてみると、誰も海賊たちと話したことがないという。海賊だって同じ人間なのだから会って話を聞いてみようと、ソマリアに出かけた。

内戦が続いてボロボロになった国では、生きていくだけでも悲惨な日々で、それは漁師たちも同じだ。貧困と飢えは、目の前を往来する世界中の船団、「宝船」に目を向けさせた。漁師たちはついに禁断の大海原の強盗と化してしまい、平和な海は無法地帯になった。ところが彼らと話してみると、好き好んで海賊をやっているんじゃない、ただ生きるためだと言う。じゃあ、マグロを獲ればいいじゃないか、もっと誇りを持った人生にしなくちゃいかんと話した。

「マグロ漁の方法は教える！　漁船も私がすべて調達して、まず4隻を持ってきて与える！　もちろん、ソマリア国内にマグロの冷凍倉庫や流通設備は私が整えるし、そのマグロはすべて買い取る！　そうすれば本来の漁師に戻れるだろ！　船も確保されて、売り先も心配ないとなれば、何も問題はないだろう！」

そうして、年間に３００件以上も発生していた海賊襲撃被害は２０１４年以降からパタッと消滅した。正直、まだ採算はとれていないが、利益が出る目論見は立っているという。

「商売は、目先の利益を考えたらいかん。どうやったら喜んでもらえるか、何を求められているかに応えるのが商売だ」

その年に、アフリカ・ソマリア沖の海賊問題解決とマグロ漁場開拓のため、ソマリアの新政府に民間による漁業支援を申し出た。

和食が世界的にブームになり、乱獲で漁獲量も激減し始めていたから、ソマリアの件がうまくいけばマグロが入手できる上に海賊行為もなくなるという一石二鳥の名案であった。

木村さんは、１９５２年千葉県野田市に生まれた。４歳で父親を亡くしている。中学校卒業後、航空自衛隊に入隊、パイロットを夢見ていたが、通信兵養成コースだったため失望し、大検を受けて、中央大学法学部の通信教育を始める。自衛隊を辞めて司法試験を目指すが、生活するために、640軒回っても売れないブリタニカ百科事典の訪問販売など、アルバイトを転々とする。やがて大洋漁業（現マルハニチロ）の子会社で、冷凍食品を扱う新洋商事に入社する。

1979年に独立して木村商店を創業。弁当・寿司ネタの製造販売、海産物輸入、そしてカラオケボックスやレンタルビデオ店、コンビニ経営など90もの業態を経験する。

1985年に「喜代村」を設立。水産食品、弁当、寿司を扱うが、バブル崩壊に遭遇し、築地に「喜よ寿司」を開業。2001年に、日本で初めての年中無休、24時間営業のすし店「すしざんまい本店」を開業すると、またたく間に店舗数を増やす。35坪、40数席の店で年間売り上げ10億円、一日の客回転率23・5という驚異的な店に成長する。

2006年には、寿司職人の養成学校「喜代村塾」を開校。2013年、外国勢のマグロ乱獲に対して、「ニッポンのマグロは私たちが守る！」と、初競りで大間産の本マグロを1億5540万円で落札して話題になった。マグロ解体ショーを本人が行って宣伝しているが、寿司職人ではないため寿司は握れないという。

築地市場は、つい10数年前までは、夜明け一番の競り市が終われば、昼前には人通りが絶えて、日中は閑古鳥が鳴くシャッター通りになっているのが普通の風景だった。

ところが、競りに各地から集まるトラックの運転手などは夜中過ぎには築地に到着している。明け方の競り市が始まるまで無人の暗闇で待つしかなく、食事をするところもない。そこに目をつけての、「すしざんまい本店」オープンだった。

新鮮ネタを仕入れに来るプロたちは、築地で寿司なんか食う者はいないと誰もが笑いものにした。ところが蓋を開けてみれば、大当たり。夜中過ぎになると混み始めるという、ほかでは見られない珍しい現象が起きたのだ。

築地は銀座の目と鼻の先にある地域である。銀座で遅くまで飲んだ客にホステスたちが食事をねだる。タクシーですぐそこの魚市場に美味しい寿司屋があると評判になった。築地の魚……聞いただけで本場の新鮮なイメージが誰にでも湧いてくる。

そして築地は、国際的な観光地になり、買い物をして寿司を食べる名所となった。

木村さんは言う。

「人は何のために生きるのか？　何のために仕事するのか？　人生は明るく、楽しく、元気よく、志をもって生きよう！」

「脳が一番喜ぶ状態、ワクワクしているかが決め手になる」

大嶋啓介
てっぺん創業者

食い倒れ大阪、着倒れ京都、飲み倒れ江戸、と昔から地域特性が言われる。

京都の着物に対して、大阪の「食い倒れ」は食道楽でエンゲル係数が高いという意味ではなく、道頓堀などの川べりに打ち込んだ杭が、大八車のあまりの往来の多さで倒れてしまう、それだけ杭が倒れる「杭倒れ」、働き者の商人の街だからとも言われる。

殷は紀元前17世紀頃の中国初期の王朝で、別名「商」とも呼ばれる。その国が滅亡した時期の人々は、各地を渡り歩く物売りで生活をしていたので、あの者たちは「商の人間だ」、それが働き者で頑張り屋を表す「商人」となった。

ある時、名古屋の飲食店チェーンの社長に頼まれ講演を行った。

「今日ヤラないことは10年たってもヤレない！」と、ゲキを飛ばしたまではよかったが、講演後、社長が困惑した顔で近寄ってきた。

「参りましたねえ、話を聞いて、すっかりヤル気になった店長がさっそく一人辞めるって言うんですよ！」

その店長は独立の大きな夢を引っさげて東京・自由が丘へ向かった。

私にはどの店長なのか名前もわからなかった。

それから数年後、私の本を社員教育に使っている上場企業があると、日経レストラン誌に聞き、その社長と会った。

「黒木さんのことを知ったのは、焼き肉の『牛角』チェーンを起こし、わずか8年足らずという世界最速のスピードで１４００店舗出店を達成したレインズインターナショナル社長（当時）の西山知義さんや、『株式会社てっぺん』社長（当時）の大嶋啓介《おおしまけいすけ》さんに教えていただいたからです。

大嶋さんは、開店前の気合い十分の15分朝礼が全国に知れ渡り、今やこの朝礼の見学だけのために、韓国や中国からも含めて年間一万人以上が訪れるほどの大盛況。ＴＶなどでも放映されて有名ですよね。大嶋さんをよくご存知ですよね？」

「大嶋さん？　さて……」

「あれ、おかしいなあ、レストラン・ウエディング『クロフネカンパニー』の中村文昭さん、伝説のレストランＣＡＳＩＴＡの高橋滋さん、グローバルダイニング・長谷川耕造さんの右腕として活躍した銀座ダズルの新川義弘さんなど、いずれも業界の風雲児と呼ばれる若き起業家たちですが、彼らからも黒木さんの名前が結構出てきますよ」

「中村さんは私の講演会にも参加していますので会っていますし、高橋滋さん、新川さん

も よく知っていますが……」

という会話になった。

その後、テレビ東京系列で毎夜放映されているニュース番組の『WBS（ワールド・ビジネス・サテライト）』で長年、キャスターを務めている小谷真生子さん（JALで一緒に飛んでいた時代があった）が、居酒屋「てっぺん」の有名な朝礼を取材しに行って、大嶋啓介氏と私の出会いを知ったらしい。

なんと大嶋氏は、数年前、名古屋の飲食店チェーンの社員に行った講演会を機に、店長を辞めた彼だった。

私が再会した時の彼は、まだ36歳だった。

父親は三重県桑名市で警察官をしていたが、彼が10歳の時、殉職したとか。

その尊敬する父親の天国に一番近いところの「てっぺん」を店の名前にし、一人ひとりの夢と可能性、独立開業を実現させることを天職にしていると言う。

後日、私は大嶋氏の講演を聞いた。

「子どもたちが夢を失う瞬間、それはどういう時か皆さんご存知ですか？」

大嶋氏の問いかけに、会場は沈黙した。

「それは、親が仕事から帰宅した時にもらす一言、『ああ疲れた！』です。『仕事イコール嫌なもの』『生きること、大人になることイコールつらいこと』を、無意識に子どもたちに刷り込んでいるのです。元気で楽しくやっている人を見て子どもたちは明日への夢と勇気をもらい、そういう人に憧れるのです。疲れた、嫌だと言う不快なマイナス言葉は、脳を一瞬にしてダメにします。感謝を伝えている時の脳が一番活性化されてパワーが発揮できます。

営業終了時に売り上げを見て、うまくいかなかった時に暗い表情になるか、よっしゃ、明日こそはと明るい表情に切り替えるかでは、今後の部下たちの育成も含めて経営の展開に大きな違いが出てきます。生き方も同じです。

そのためには、脳が一番喜ぶ状態、ワクワクしているかが決め手になるのです。このワクワク感を引き出すには一体感をつくるスタートである活発な朝礼が大切なのです。すでに小中学校から高校まで、このホンキで向かい合う朝礼を取り入れる学校がどんどん増えています」

講演の内容もさることながら、彼の目は輝き、こぼれるばかりの笑顔と喜びの口調は聴衆を引きつけていた。

過去の体験を引きずって無理だと決めつけないで、自分の可能性を切り開く。自分自身の力で生きる生き方を選びとる。人生は能力と意欲の掛け算。大人が輝けば子どもが輝く。子どもが輝けば未来が輝く！

ジャンケン一回でもホンキで取り組めば、勝っても負けても感動が生まれる。

毎日の大声朝礼で割れた声で彼は力説した。

「商いは草の種」と言われるほど商売には種類が多く、「飽きない」。

ホンキで夢を育てる起業のお手伝いを商うとは、なんとも夢を売る素敵な「商人」である。

コラム1

三人様のための日本茶

新人CAのC子は、間もなく始まる朝食の支度のために客席とカーテン一枚隔てたギャレー（調理場）で先輩たちと一緒に奮闘していた。照明が落とされたキャビン（客室）では、まだお客さまは就寝中だから、むやみに音を立てないように。それでも数百人分の食事準備をするのは到着時間との戦いなので、手際よく段取りをしていかなくてはいけない。表情は穏やかでも内心は戦争である。

その忙しいさなかに、客席呼び出しのコールボタンがポーンと鳴って青いライトが点灯した。C子はすぐにキャビンへ飛び出した。

「のどが渇いたからジュースが欲しいのだけど……」「はい、ジュースは何がよろしいでしょうか？」「何があるの？」「はい、オレンジ、トマト、アップル……それにスカイタイムなど――」

一応用意できるすべてのジュース類を述べる。

「そのスカイ……なんとかっていうのは何？」「はい、キウイジュースと蜂蜜などをブレンドしましたＪＡＬ特製の――」「う〜ん、じゃあウーロン茶でいいや！　ああ、それから お腹空いたから何か食べるものない？『うどんですかい』とかいうカップ麺があったわよね」

やりとりを通路ですれ違いざまに聞いていた先輩ＣＡが、

「こういう時はね、間もなく食事とお飲み物を皆様全員にワゴンでお持ちいたしますから少々お待ちください、と案内するのよ。隣のお客さまたちが次々に起きだして私も私もと頼み始めたら、私たちの仕事の流れが完全にストップしてしまうから。臨機応変さも立派な接客力量よ」

先輩の言葉には一理があると思うものの、Ｃ子は接客のむずかしさにため息をつきながら、ウーロン茶とウドンをトレイに準備した。

「お待たせいたしました」とウーロン茶とウドンを持っていく。

テーブルを引き出してあげ、ていねいに両手の指を添えて飲み物を置いた。

ギャレーに引き返そうとすると、客席の背後から声がかかる。

「はい、何か御用でございますか？」

C子は、帰りが遅いとまた先輩に言われるのを想像しながら恐る恐る声を出す。

「あのう……あの明るくなってきた右手の向こうがインド洋でしょうか？」

ぼそぼそと語りかける、70歳代に見える老夫婦が背中を丸くして座っていた。

「いいえ、この飛行機はシベリア大陸を横断中ですので、インド洋はとても遠いですよ。方向的には間違いないのですが。あと2時間足らずで日本に到着しますので、もうそろそろ北海道に近い日本海に入る頃ですが……」

「そうですか……。上空を通過するのをずっと待っていたのですが……。いやあ、それにしても綺麗な夜明けですねえ。どうもありがとう」

その夫婦は風呂敷を解くと、中から黒ぶちの額に入った写真をおもむろに取り出し、窓に向けて外を見せてやるように差し出した。二人とも目が潤んで朝日が反射している。

「あのう、失礼ですが、その写真の方は？」

「ええ、インド洋の遠洋航海中に事故で死んでしまった、たった一人の私たちの息子です……」

C子はギャレーで日本茶を入れ、先ほどの老夫婦のもとに戻った。

「あのう、よろしかったら、お茶ですがお召し上がりください。このお茶は私の両親が九州の山の中の田舎から送ってくれた手もみなのです。とても香ばしいですよ。私も一人っ子なものですから、このお茶を世界中に持ち歩いて一人の時に滞在先の部屋でゆっくり故郷を想いながら飲んでいるのですよ」

C子は、三つの茶托に小梅も乗せて、そっと片手で差し出す。

テーブルの上に置いたあとで、再度両手の指先を添えて、ていねいに数センチほど押し出してお客さまの前に移動させる。小梅も、実は自分のカバンからそっと取り出した私物である。

「あのう、私たちは二人だけなのですが……」

老夫婦は深々と目線を下げながら、何かの間違いではという顔で遠慮がちに口にする。

そこに置いてあるお茶は三つだった。

「はい、存じております。確かに……三人様、でございますね。どうぞごゆっくりとお過ごしくださいませ。間もなくご朝食のご用意が整いますので」

後日、そのお客さまからＪＡＬ社長へ感謝を綴った手紙が寄せられた。

C子は社長表彰を受けた。

時期を同じくして、もう一つの出来事が起きていた。それもヨーロッパに向かう機内と日本に帰ってくる便の違いでしかない同じ路線であった。

6月中旬、ある女性が成田発ロンドン行きの日航便に搭乗した。

その女性は離陸後、客室乗務員にロシア・シベリアのチタ州に接近する時刻を尋ねた。

彼女の父は彼女が小学校二年生の頃、三人の幼子を残して応召し、終戦で虜囚となり抑留され、1946年この地で果てた。そのため、シベリア上空を初めて通過するこの日、少しでも近いところから父の霊に祈りをささげたかったのだという。

事情を聞いた客室乗務員はすぐに、機長に問い合わせて、通過時刻を書いたわかりやすい地図を届けた。

そして通過時刻。

「用意しましたので、こちらへどうぞ」

客室乗務員が女性とその夫、娘さんに声をかけた。

なんのことかと不思議そうにしながらも、三人はその乗務員についていく。

後方の座席に案内されるとなんと、窓際にはお供物と献杯の用意がされていたのだった。

この出来事は後に、『朝日新聞』の「声」欄で紹介された。客室乗務員のこの計らいにとても感動した女性が、家族で父に献杯し、心ゆくまで祈ることができたことを、お礼の言葉とともに投稿したものだった。


さらに出来事は続く。

『朝日新聞』に記事が掲載された日の午後、ＪＡＬ札幌支店の窓口に、50歳代の男性が入ってきた。脇に新聞を挟んで、鉢に蘭の生花などを美しく飾りつけた大きなバスケットを両手で抱えていた。カウンターにいる女性が席から立ち上がって、爽やかに挨拶する。

「おはようございます！　いらっしゃいませ」

「ああ、おはようございます。ちょっと、これ、今朝の新聞だけど、今すぐに読んでくれませんか」

男性は持ってきた新聞を渡す。

「どうですか？　この新聞に投稿されたお客さまと私は関係はないのですが、私も身内がシベリアで亡くなっているので、同じ気持ちになって感動しましたよ。このような実に素晴らしいサービスをされているＪＡＬさんに感謝をしたくて、今日は花を買ってきましたので受け取っていただけませんか。札幌支店さんで代表して、私の気持ちとして受け取ってもらい、ここのカウンターに飾っていただければ幸いです。これからも私はＪＡＬにしか乗りません！　このような心のあるサービスをこれからも続けてくださいね」

「はい！　ありがとうございます。これからもお客さまに喜ばれるサービスを目指してがんばります！」

「ええ、応援しています」

人間のサービスが、ロボットに取って代わられることなどとうていありえないだろう。「作業」はロボットでもこなせる。しかし、心のこもったサービスは、ロボットには不可能である。

「おもてなし」の神髄とは、何の得点にもならない「プラスアルファのお節介」が感動を生むことであろう。

第2章

胸が熱くなる言葉

#「ところで名前はなんだったっけ」

田中角栄
第64・65代内閣総理大臣

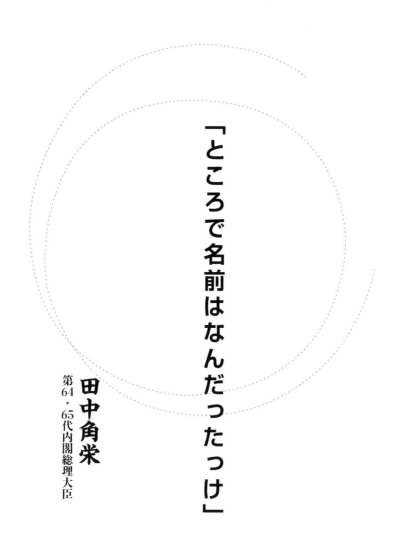

ホワイトハウスに向かう田中角栄《たなかかくえい》総理大臣（当時）との機内での会話である。

「先生、随分のご無沙汰でした！　今回もご一緒させていただきます、よろしくお願いいたします」

「おお、久しぶりだったねえ。元気そうじゃないか。ところで名前はなんだったっけ、最近、物忘れがひどくてねえ」

「はっ、失礼いたしました、黒木でございますが」

「いや黒木くん、それは知っているよ！　下の名前だよ、下の……」

かくして、彼はすぐに各人のフルネームを一瞬にして覚えるのである。

名前を名乗り、相手の名を覚えること、その名前をその場で口にする会話。欧米では最初の出会いからして、これは最優先、最低限の社交マナーである。


ナポレオンの睡眠時間が極端に短かったことは有名であるが、それはなぜだったのか？

ヨーロッパ大陸の国々を攻略して、ついにははるか遠方のモスクワまで数万人の軍隊を率いて遠征する。そのためには昨日まで敵だった地元国民を次々と味方につけていかなければならない。現地で食料調達し、背後からの敵の追撃を防ぎながら進撃し続ける必要があるからだ。

「モーリス伍長、今の大砲の狙いは素晴らしいぞ！」「フィリップ軍曹、その調子で突撃！」と名前を呼ばれた兵士たちは、一様に心底驚き、そして心から感激した。昨日まで敵の大将だった人間が、たかが一兵卒である自分たち一人ひとりの名前を呼んで、鼓舞し続けたからである。士は己を知る者のために死す。ナポレオンに心酔する者が次々に増えて遠征に加わっていった。

ナポレオンはカードに一人ずつの似顔絵や特徴を描き、その裏には名前を書いた。それをテントの中で覚えることにかなりの時間を割いたから、睡眠時間が短かったのである。

田中角栄さんには、新潟・長岡の自宅に妻と、後に外務大臣になる娘の眞紀子さんがいたが、実は東京・神楽坂にもう一人の妻と家族がいた。そこには三人の男の子がいた。角栄さんの実子である長男の田中京氏。「京」の名前は、京の都と同じく、人々が集まってくる中心の意味で父の田中角栄がつけたと言う。

京さんが銀座でバーを経営していて、そこで飲んだ時に、ヒゲの風貌まで角栄さんそのままで驚いた。その日はすっかり意気投合して、神楽坂での話を遅くまで詳しく聞くことができた。

角栄さんは各省庁の大臣に就任するたびに、神楽坂の自宅で深夜まで人事ファイルを見ながら、ある猛勉強を続けた。大臣に就任した初日に、廊下ですれ違う幹部の官僚に、「おう、○○君、今日は奥さんの誕生日だよね、早く帰ってあげなさいよ！」と声をかけ、まさに一瞬にして誰をも味方につける人心掌握の天才だったとか。

そして、幹部も含めた全員を集めて演説した。

「私は優秀な官僚の君たちと違って、尋常小学校しか出ていない。だから皆さんからいろいろと聞いてもっと勉強したい。大臣室のドアはいつでも開けておくから自由に入ってきて教えていただきたい。いっさい上司の許可はいらない、私が全責任をもつ！」

角栄さんは、どんな政敵の葬式にも真っ先に駆けつけ、涙を流してその死を悼んだ。葬儀から1週間が経過した時、改めて新しい花を届けさせた。

「最初の花が枯れる頃だ、遺族も一番悲しみが募る」

人が悲しんでいる時、本当に悲しみを共有できるか。人が喜びを感じた時、本当に心から祝福できるか。人は、人が不幸な時に同情を示す。それはふつうのことだ。人が幸福になった時、本当に心から共に喜んであげられる人になるのが本物である。

田中角栄、昭和の今太閤は、偽りのない感情を人に伝えることで多くの人の記憶に残る哲学政治家になった。角栄さんのエピソードの一つひとつが斬新で人の心を打つものだったが、それは角栄さんにとって淡々とした事実の告白に過ぎなかった。


角栄流を応用して、わが社の研修にも使っている。

飲食業組合から研修依頼を受けて、一つのことをすぐに実践するように伝えた。

早速、素直に行動に移した店は、数カ月後には売り上げを伸ばし始め、頭で理解したつもりでも心でわかろうとしなかった頑なな経営者の店は、そのまま低迷を続けた。

伝えたのは、「〇〇さま、いつもご利用ありがとうございます！」と、必ず名前をいつもつけて呼ぶようにしなさい、ということだけであった。

お客はいつも居心地の良いなじみの「自分の店」を探している。自分の止まり木の場所をつくろうとしている。自分の存在を認めてくれる誰かを見つけようとしているのだ。

自分探しの旅をしているから、自宅で安上がりの晩酌をしないで、お金を使ってまで外に出かける。チラッとでも親しみのこもった笑み、目線や挨拶があり、そこでお馴染みさん的に自分の存在が少しでも「認められる」と良い気持ちになり、友達の前でも、良い格好ができる。ましてや、まだ2回目なのに自分の名前で呼ばれたら、その瞬間にそのお客は、そこを自分の店にしてしまう。そうすれば、黙っていてもお客がお客を連れてくるようになる。

「お客さま、お味はいかがでしょうか？」と、「お味はいかがでしょうか、○○さま」では、雲泥の差である。

「初めてのお客さまには常連客のように親しみをもって挨拶し、常連には初めてのお客さまに接するように礼節をもって基本から！」

算数では100－1＝99だが、人間関係では、一瞬にして、100－1＝0になることもある。たった一言でゼロに帰することは往々にしてあるものだ。

帝国ホテルの教訓に、「10・10・10の法則」がある。信頼を築くのに10年、それはちょっとしたミスで、わずか10秒で崩れ去ることもあり、それを築き直すのにさらに10年かかる。

なぜできないかではなく、どうすればできるかを考えること。名前を覚える努力をすることぐらいは、誰にでもすぐにできる簡単なことであろう。

「僕が彼らに
何かをしてあげてるって？
逆に僕が何かをもらっているようには
見えなかったかい？」

三浦知良
プロサッカー選手

「あの、日航の方たちですか？　昨夜も来ていましたよね。ご一緒してもよろしいですか？」

その青年は我々が飲んでいるブラジルのバーの席に来て加わり、一緒にカラオケを楽しんだ。

サッカー留学で来ているとか言いながら、歌もうまいし、20代そこそこの若者にしては礼儀正しい好青年である。

当時ブラジル便は週一便であったため、乗務員が交代すると次の便が到着するまでの1週間はまったくのフリーとなる。

日本とは地球のほぼ反対側で、時差も昼夜逆の12時間だから妙に身体が重い。

「予定を1週間早めて、帰国便は皆さんのフライトに乗ろうかな」と、青年は言っていた。

ロサンゼルスで降りる我々は二日間の滞在の後、別の便に乗務して日本に向かう。

日本から送られてきた新聞を機内でお客さま用に準備していると、どのスポーツ新聞の一面にもデカデカと彼の顔写真が載っているではないか！

『サッカー界の超スター、凱旋帰国』

当時は、サッカーは日本ではまだ一般の人たちはほとんど知らない時代であった。

「成功した時にスポーツ紙の一面になるのは普通の選手。失敗した時にスポーツ紙の一面になる選手は限られている。一面で失敗を取り上げられ叩かれることに誇りをもてばいい」

そう言い切るほどまでにヒーローになった、三浦知良《みうらかずよし》青年との出会いであった。


こんなカズの逸話がある。

ある新聞社に、カズが養護学校の施設に一人で来て、たびたび障がいのある子どもたちと会っているとの情報が入ってきた。通常こういう施設に有名人が来る場合はマスコミに事前に知らされていることが多い。パフォーマンスとして、カメラ撮影も行うのが通常なので、記者もこの情報には半信半疑だった。ただ、もしかしたらカズ自身に何かの秘密があるのでは?とスクープの可能性も感じながらその養護学校に向かった。

三日ほど張り込んだだろうか、場違いな高級スポーツカーが養護学校に横づけされた。中から出てきたのは、カズこと三浦知良だった。

記者はかたずをのんでカズが何を目的に来ているのか見守っていた。

もちろんほかにマスコミの姿は見当たらない。

やがてジャージに着替えたカズが、障がいのある子どもたちとサッカーボールをもって中庭に出てきた。子どもたちの中には満足に歩けないような重度の障がいがある子もいた。しかしその子どもたちの目は真剣そのもの。倒れても起き上がっては泥だらけになってボールを追いかけている。

いつしか記者のカメラは、カズではなく障がいのある子どもたちに向けられていた。

やがて時間が過ぎてカズと子どもたちは施設の中に入っていった。

着替えを終え施設を出ようとするカズに、子どもたちは全員で手を振っている。

そしてカズはこう言った。

「今日もみんなありがとー!」

記者は耳を疑った。なぜならカズのほうがお礼を言っていたからだ。

高級スポーツカーに乗り込み施設を出ようとするカズに、記者は急いで駆け寄って少し意地悪な口調でこう質問してみた。

「カズさん、○×新聞ですけど、こういう施設にきて子どもたちとサッカーをしてあげているというのはやはり好感度を考えてのことなんでしょうか?」

突然記者が飛び出してきたので少し驚きながらも、カズはこう答えた。

「僕が彼らに何かをしてあげてるって? 逆に僕が何かをもらっているようには見えな

かったかい？」

そう言い残してカズはスポーツカーを走らせて帰って行った。

記者は職業柄意地悪な質問をしたことを、すぐに後悔することになった。

なぜなら自分が撮影したカメラにはカズはほとんど写っておらず、そのほとんどが泥だらけになりながらも、倒れながらもボールに向かっていく障がいのある子どもたちの姿だったのだから。


もう一つ、こんな逸話もある。

カズが、普段雰囲気が湿りがちな病院の子どもたちや看護師たちに大歓迎を受け、リフティングやらを披露して大歓声を受けている。

ふとした拍子に、あきらかにその輪に加わらないスキンヘッドの女の子を見つけたカズはその子に話しかけたが、サッカーに興味がないと言い残して車椅子で病室に去って行ってしまった。

看護師に聞くとその子は白血病で、抗癌剤の副作用から髪の毛や眉毛が抜け落ち、それから誰にも心を開かなくなったのだと言う。

しかしカズは見逃さなかった。その子が去ってゆく時、小さな紙切れのようなものを落として行くのを。

カズがその紙切れを見るとこう書いてあった。

「試合をいつもテレビで見ています。頑張ってください」

カズは看護師に一枚の色紙を託した。そこにはこう書いてあった。

「絶対に何があっても諦めない」

次の試合。チームメイトやサポーターから大爆笑や野次が起こっていて、新聞記者はこぞってこう書いた。

「キングご乱心」

そこにはクリクリ坊主頭でピッチに立つカズの姿があったのだ。

「自分がちょっと損をしても」

渡邉美樹
ワタミ創業者

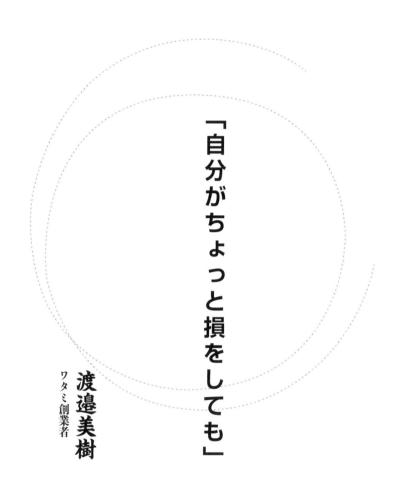

「365日で現金300万円の貯金ができるか」

と聞かれたら、あなたはどう答えるだろうか。それも30数年前の収入水準で、である。

毎月25万円の数字が規則正しく12行並んで記帳された300万円、その預金通帳の現物が今も残っている。

11月25日入金25万円から始まって12回、10月25日入金までの合計が300万円。利息6万425円で、その日に解約して預金をすべて下ろしてある。

「大人になったら会社の社長になります!」。小学校の卒業記念アルバムに、そう、力強い筆圧で書き込んだ少年がいた。長嶋や王選手に憧れてプロ野球選手になることを夢見ていた小学校五年生の活発な腕白坊主は、1970年に腎臓病が悪化し、36歳の若さでこの世を去った母親の葬式の日から、急に無口になってしまった。

最愛の母との永遠の別れに続いて、テレビ広告会社を経営する父親が会社を清算し、度重なる不幸に翻弄され続けた。

少年は、「社長になる」ためには経営の勉強が必須だと、明治大学商学部へ進む。

卒業と就職前の合間を縫って、1カ月半、ソ連(当時)やヨーロッパ、アメリカへ、世界を観たいと一人で旅に出た。ニューヨークの大きなライブハウスで大勢の人たちが飲食やダンスをして楽しそうにしているのを体験して、自分の将来やりたいことは、「地球上で一番たくさんの『ありがとう』を集める」飲食店をつくることだと直感する。

　大学卒業後すぐに、経営学を実践的に学んでおきたいと経理会社に就職するが、半年で辞めることとなった。「24歳で会社を立ち上げる！」という人生の目標設定通り、いよいよ本格的に会社を立ち上げるための資金を1年でつくろうと、宅配便の運転手として、20時間勤務で日夜働いた。月に2日も休みを取れなくて、自宅へ帰るのは毎晩が夜中過ぎ、朝4時には起きて出勤しないと仕事にならないから、ほとんど寝る時間もない。

　会社を起業するには、どうしても資本金３００万円が必要だった。1年という短期間でそれを可能にできるのは、宅配便の運転手だった。休みなしで働いたとして、手取りで37万円、身体を壊そうがどうなろうが、それが夢実現へ向かう第一歩だと決断したのだ。

　青年は、いつどこで倒れても、周りには絶対に迷惑をかけたくないと、肌身離さずに辞表を胸に入れてトラックに乗った。

　12カ月後には、まさにずっしりとした現金３００万円の札束を確実に手に入れた。

　この青年こそ、渡邉《わたなべ》美樹《みき》である。

１９８4年、預金を全額下ろすと、すぐに、有限会社「渡美商事」を設立登記する。目標通りに、24歳。「つぼ八」の一店舗を買い取り、起業。社員は自分を入れて三人。渡邉美樹から取った社名であるが、これが後に、ワタミ株式会社になっていく。30歳代で株式上場を果たし、創業16年足らずで全国に３００店舗以上と大飛躍、その後、２０１３年にはソウルで韓国1号店をオープンする。

経営者としての壮大な夢と哲学は、教育、農業、介護と次々に広がっていく。

あまり知られていないことだが、ワタミが手がけた、カンボジアなどでの孤児院や学校建設は３００を超えている。陰ながら、人知れぬところで、なかなか真似のできない、壮大で巨額な慈善ボランティアも同時に行っているのだ。

経世済民とは、「世を経《おさ》め、民を済《すく》う」ことを言う。世の中を上手におさめ、人々を苦しみから救う、「世のため人のため」ということである。「political economy」を経済と翻訳したのは福澤諭吉であり、経済だけでなく、政治的・社会的にも広い意味で使われた。

政治も視点を変えれば国家の経営である。経営者の行きつくところは、国の経営。夢と希望あふれる未来をつくるのであれば、政治で国を動かし、未来の設計図を引くしかない。

そう考えた渡邉美樹は、東京都知事選に立候補する。100万票以上も獲得するが、残念ながら夢叶わず。その後、参議院議員に当選して、活躍した。

国際線乗務30年間で、世界のさまざまな成功者と機内で会ってきたが、彼らのライバルはいつも他人ではなく、自分自身であり、比較するべきは昨日の自分であることを学んだ。昨日の最高は、今日の最低、そこから一日を始める。健全なる不満を抱いて明日を夢見る人たちと一緒にいると、こちらまでワクワクしてくる。

渡邉美樹は、提唱する『5年後の日本を考える会』で言う。

「日本は少子高齢化によって、40年後には65歳以上の高齢者率が40％を超え、労働力人口は現在の3分の2になってしまいます。

一方で、1000兆円を超える負債を抱える中で、財政再建の第一歩となるプライマリーバランス黒字化への道筋すら立っていません。

今、政治に求められているのは『現状否定』です。これまでの政策、これまでの常識の延長線上、すなわち『現状肯定』の中に今の危機的状況を打破する答えはありません。財政再建は必要だが、消費税アップは反対。経済活性化は必要だが、TPPは反対。民間の活用は賛成だが、企業の農地取得や病院経営は反対。どれも『総論賛成・各論反対』です。

自分がちょっと損をしても、日本国民全体の幸せを優先させる『総論賛成・各論賛成』の価値観が今こそ必要です。皆さんの柔軟な発想で、『現状否定』の中から日本を再び成長させるための政策を生みだしていきませんか？　政治に関心をもたない国民が多い中で、『5年後の日本を考える会』に参加される志の高い皆さんに敬意を表します。ぜひ、一緒に頑張りましょう！」


「自分がちょっと損をしても……」。わかっていても、なかなかできることではない。漠然とした目標ではなく、夢に、いついつまでにと日付を打ち、そして、どこの場所にどのようなと、絵に描いて見せることができるような、具体的な夢づくりが肝要である。人に描いて見せることができる夢は、必ず実現する！

人生は、「やらなかったのか・やれなかったのか」と「やったのか」の二択である。やらない人、やれない人は、他人を批評するだけの寂しい人生、時間の無駄づかいに終わる。人生は他人との比較ではなく、どう自分と向き合うかに時間を使うべきなのだ。

「私の辞書には、『のんびり』とか『休息』とかはありません」

宗次徳二

「カレーハウスＣｏＣｏ壱番屋」壱番屋創業者

「私は捨て子でしたから、自分の本当の名前も、誰が親かも知りません。親戚もおりません。３歳まで孤児院で育ちました」

著名な実業家の、想像もしなかったいきなりの生い立ち話に驚いた。

「30人の孤児の中で、きっと一番可愛かったからもらわれたのでしょう。ところが、現実の生活は大変でした。

私をもらってくれた養父は想像を絶するギャンブル狂で、家賃も払えず、電気や水道も止められて家を追い出され、各地を転々と放浪しました。小学校の頃の思い出は空腹で草を食べていたことぐらいです。養父が死んでから家出していた養母が帰ってきて、ようやく電気が使えるようになってロウソク生活から解放されました。何とか高校に進学させてもらえたのですが、その入学手続きの時に戸籍謄本を見て、初めて自分の生い立ちを知りました。

食うや食わずの日々は、人間を逞しくします。誰にも頼らずに一人で生きていかねばいけないのだと、幼い頃から自立精神が培われてきました。

『さあ朝だ、ゴーゴー！』と、３時55分に目覚ましをかけて、４時55分に出社、23時まで仕事。私は、一日平均15時間半、３６５日働き続けてきました。私の辞書には、『のんびり』

とか『休息』とかはありません。

経営者が休むのは罪悪です。事業に賭ける想いが労働時間に比例するし、長く働けばいろんなアイデアも出てきて、それを見ている社員も会社を支えようとするものです。経営者はどれだけ長く働いても労働基準法に引っかかりませんからね。仕事で遅くまで働いても、早起きは苦痛にはなりません。人生の成功は早起きに始まります。

夜遊びはいけません。やれゴルフだ、旅行だ、接待だと社交的なほど経営がうまくいくように錯覚している人が多いが、友人（遊人）が増えると時間の無駄と出費につながり、社員の心も離れる。経営者は社交的じゃないほうが良いのです。ですから、私はお付き合いの宴会にはいっさい出かけませんし、生涯、友人もつくりません。国税局が今まで2回入った時も、飲み屋さんの領収書が1枚もないものだから、1円の修正もしなかったぐらいです……」

「今日の黄色いネクタイは、会社のパンフレットに載っている写真と同じですね？」

私のその問いに、「ああ、これは上野のアメ横で数年前に450円で買ったもの。これ一本で十分ですよ。何本あってももったいないしね。それにこの背広もアメ横で数千円です」

そう淡々と話すのは、資本金15億円、営業利益率は10％を超えて負債ゼロの超優良企業、ゼロから東証一部上場企業にまで育て上げた『カレーハウスＣｏＣｏ壱番屋』の創業者・宗次徳二《むねつぐとくじ》である。

「経営者は、自己陶酔的な『夢』ではなく、具体的な『目標』をもて！」と力説する。

「毎年小さな目標を立てて達成するために必死に働く、よそ見なんかする暇はない。日々の積み重ねが夢のような奇跡を起こしてくれるのです！」

20代で結婚し、不動産仲介業を営むが、奥さんと二人で、喫茶店『バッカス』を1974年、26歳の時に開業する。

ほかの喫茶店では、モーニングサービスでトーストもつけてコーヒーセットが150円だったが、『バッカス』では、トーストはなしでも料金は同じ150円にした。

安売りのサービスよりも真心のサービスにしようと、宗次さんは「笑顔で迎え、心で拍手」と心がけて、徹頭徹尾、心からの接客に努めた。

客足が順調に伸びた頃、ハウス食品のルウに自分流の調味料で味付けをアレンジして、独自のカレーライスを提供するようになる。辛さも、ご飯の量も個人の好みに合わせる、その頃としては画期的な方法をとった。当時ではまだ考えられなかった、2年働いた社員向けの独立支援制度を考案、店舗ごとに企画を任せたフランチャイズ方式が評判になり、毎年が増収増益で全国展開の原動力になっていく。

キャッチフレーズ「ニコ・キビ・ハキ」は、「いつもニコニコ笑顔で、キビキビと働き、ハキハキと受け答えする」の意。当たり前のことを徹底教育し、ファンは確実に増えていったという。

海外展開も加速して、2000年には株式公開する企業にまで育つ。

宗次さんが大切にしている経営術が次の7つだ。

1．朝から晩まで徹底的に働く――365日ほとんど休まず働く。

2．現場主義を貫く――売上のデータを見る暇があるなら、実際に店舗現場へ行く。売上改善のヒントが必ず見つかる。

3．ライバルをいっさい気にしない――値下げ競争には参加しない。ヒット商品も模倣しない。お客さまのことだけを考える。

4．お客さまのクレームは貴重な財産――一日1000通のアンケートを3時間半かけて読む。クレームがあればすぐに改善し、経営に役立てる。

5.「夢」ではなく「目標」を追いかける――1年ぐらいのスパンでギリギリ達成できそうな「目標」を立てる。10年先、20年先の「夢」は追いかけない。

6.継続的に店舗の近隣を掃除する――毎日掃除すれば地域の人々から信頼され、お店のファンになってもらえる。掃除を継続すれば、いずれ売り上げも伸びていく。

7.後継者を育て、潔く身を引く――優秀な後継者を育て、潔く経営のすべてを任せる。役員としても会社に残らない。

株式上場後、宗次さんはまだ53歳の若さで引退して、信頼する社員の一人に社長を任せる。素晴らしい後継者がいれば、早めに譲るのが賢明なこと。経営者によっては、釜戸の灰まで自分のものだと勘違いして、いつまでも役員にとどまるなどして執着するが、これが会社をダメにする。宗次さんの経営哲学論は饒舌でとどまるところを知らない。

「これぞ私がやりたかった医師としての仕事です」

坂本泰樹

空飛ぶドクター

福岡在住の医師、坂本泰樹《さかもとやすき》さんの電話が鳴る。

東京渋谷区に本部のある日本旅行医学会の篠塚専務理事からだった。

「時間との競争になっている末期癌患者さんのアメリカ旅行への添乗ですが、先生のご都合はいかがでしょうか?」

坂本医師は、AFS高校生留学制度(当時の管轄は文部省)の3年後輩で、私が主宰する勉強会「3%の会」の仲間でもある。

「8月23日以降だったら大丈夫ですが」と、日程がほぼ決まる。

成田空港の出発ロビーで、車椅子に座ったままの高澤基さんと初対面の挨拶をする。

高澤さんの妹さんと、もう一人はボランティア参加で付き添う日本旅行医学会の女性もいる。いよいよ4人でアメリカへ向けて「人生最期の旅」への出発である。

空港のTVでは、奇しくも高澤さんと同じ65歳、芸能リポーターの梨元勝さんが肺癌で亡くなったというニュースが流れていた。

高澤さんは都内の信用金庫で60歳の定年まで勤めた後は、生涯独身で一人暮らしを楽しんでいた。

昨年、記憶障害が顕著になった異変で病院の検診を受け、かなり転移も進んでいる末期の食道癌から来ている脳炎だと判明。余命数カ月のカウントダウン段階だと宣告を受ける。

2歳年下の妹は、2年半入院して亡くなった母親、20年間も入院の末5年前に他界した父親、そして37歳の時には働き盛りだった44歳の夫も骨髄癌で亡くしている。そして今度は兄が末期癌。

高澤さんは中学生時代から、エルヴィス・プレスリーの大ファンで、とりつかれたように始終レコードを聴いて大人になった。ハワイで開催されるコンサートに参加したくて会社に休暇申請したが、上司に無下に却下された悔しい思い出がある。

兄の無念さを覚えていた妹さんは、その夢を生きているうちに何とかして叶えてあげたい、そうだ、兄が残した退職金でプレスリーの故郷・テネシー州メンフィスに連れて行ってあげようと決意する。

旅行会社のツアー申し込みでは、車椅子の重病人を同行するとわかった途端、すぐに断られた。

一般の人たちと一緒の団体旅行は無理であった。

何とか方法はないか……。探し当てたのが日本旅行医学会であった。

坂本医師は、留学経験で得た英語やイタリア語などの語学力と豊富な海外旅行体験を駆使して、死ぬ前にどうしても行きたい場所があるのに体調が不安で夢を断念している旅行希望者たちに添乗・同行する医者、「空飛ぶドクター」である。

いつでも、どこへでも、誰とでも、すぐに一緒に飛べるように、あえて開業医師ではなく、常にフリーの立場でいるのはそのためである。


出発前日に飼い猫が急死し、旅行はやはり取り止めようかと直前まで迷っていた妹さんは、猫が身代わりになってくれたのだと妙に確信して、兄との渡航を決意する。

車椅子に乗ってオムツをつけた息も絶え絶えの病人に同行する8日間の米国旅行、楽なはずがなかった。

坂本医師は不眠不休で付き添い、自ら浴槽に入って高澤さんをホテルの風呂に入れた。レンタカーを借りて三人を後ろに乗せ、自分でアメリカ本土を長距離運転、自力で動けない重い患者を上げては下ろす重労働も行った。

運転手、ガイド、通訳、介護士、次々に起こるトラブル対処の現地交渉、ホテルやレストランの手配など、連日が旅行社の業務以上、それでいて診察や手当ての医師業務もあり、今まで経験したこともない八面六臂の「添乗医」であった。

プレスリーが住んでいた豪邸グレイスランドに並ぶ遺品の前で、高澤さんは残る力を振り絞るように親指を立てて最高の笑顔で記念写真に納まり、流れる懐かしい曲に足でリズムを取る。

だが、日本出発前までのカルテでは自力で歩けるはずだったのが嘘のように、帰国の頃には容態が目に見えて悪化していった。

帰りの便では、あまりの重篤な様子に航空会社から搭乗を拒否され、坂本医師自ら身体を張った必死の説明と説得で、ようやく離陸できたほどであった。

帰国して10日後。

高澤さんの棺には、プレスリーのTシャツやCD、思い出のたくさんの写真が納められ、霊柩車は、大きく長く、お別れのクラクションを鳴らした。

「旅行しなかったなら、もっと生きられたのでは？」との周りからの問いに、坂本医師は言う。

「高澤さんは念願の夢を果たし、この世に何の未練もなく心安らかに旅立たれたと思います。これぞ私がやりたかった医師としての仕事です。悔いのない人生。余命少ない貴重な終末期をいかに有意義に過ごすか、残される家族にとっても重要なことです」

「たとえ明日死んでも悔いはない、
そんな生き方をしていきたい」

坪内知佳
萩大島船団丸代表

坪内知佳《つぼうちちか》は、福井商業高校を卒業後に名古屋外国語大学へ進むが中退。航空会社のCAを目指すが、病気で断念する。

結婚後、山口県萩市へ。男児を出産するが、間もなく離婚し、シングルマザーに。その後、萩で翻訳と経営コンサルタントの事務所を立ち上げる。


ある日、「宴会のコンパニオン、仲居さんが足りない」とアルバイトの依頼が舞い込んだ。その宴会で、漁労長の長岡秀洋氏と運命的な出会いをする。

トラアミ漁法による乱獲や環境の変化で、漁獲量がピーク時の4分の1まで減少している事実を聞いたのだ。

「このままでは島の暮らしが成り立たなくなる！　何とかしたい！」

その思いから、三つの船団がチームを組んで、生産現場の一次産業、加工の二次産業、販売サービスの三次産業を合わせて、1×2×3＝6次産業化へ向かえばどうだろう、と考えた。

こうして、萩大島船団丸が誕生した。

海上での「漁」に加え、漁業協同組合を通さず、加工して販売まで手がける。漁師にとっては、出航しての漁の操業から、船上での魚の加工、お得意先への箱詰め、商品発送まで含めると、ほぼ24時間かかり、眠る暇もない凄まじい労働になる。

漁師は通常、活き締めなどはしない。萩大島船団丸でも、漁師たちは面倒臭がって嫌がった。しかし、船上で働く海の猛者たちにも、坪内知佳はひるまなかった。

「世界に通用する品質をつくりだすために！」

と、叱咤激励しながら漁師の意識改革に取り組み、取った魚を船上ですぐに活き締めにして血抜き作業をすることで、鮮度を保ち、価格を2～3倍に跳ね上げた。

売上目標の設定や販路の拡大など、シビアな数字と対面しながら交渉を続ける坪内知佳が一番気にかけていることは、萩大島船団丸の従業員60人の雇用対策であった。

「いくら数字を上げても現場がよくならないと意味がない。生活環境、経済状況の改善を行い、働きやすい環境、みんなが居着きやすい会社にしないと」

三つの船団の社長たちが、1万円ずつ出して、「これで事業を進めてくれ、俺たちは漁しかできん。頼む！」と、船団丸の代表を彼女に託した経緯がある。

「魚を獲る以外は全部私の仕事です」

と、飛び込み営業で、取引相手となる料理店を自ら開拓し、ブランド漁を直送する新市場を築いた。

今日の漁の見通しなどがスマホに送られてくると、すかさずスマホで営業開始。得意先の料理店に向けて水揚げが予想される魚の種類を、現場の漁師とリアルタイムで連絡を取り合いながら、そのまま伝える。目の前で獲られている魚の注文をその場で取る。

注文を照らし合わせながら、どの魚をどの料理店に、どれだけ送るかなどの振り分けを行い、それを船に連絡する。深夜から未明の作業で、市場や仲買を通さずに直送される魚は、最短24時間で消費者の元に届けられる。どの魚がいつ水揚げされて、どの料理人の手でどう料理され、誰のお腹に入ったのかまでをすべて把握する最強の商売を確立したのである。

坪内は当初、屋号のある萩大島の水産業のことだけを考えていたが、やっていくうちに萩だけではダメだ、日本の水産業を変えなくてはいけないと気づく。

そこで、２０１４年４月、株式会社ＧＨＩＢＬＩ（ギブリ）として会社化する。

ギブリはサハラ砂漠から地中海に向かって吹く風のこと。世界の海を見て、日本から広くやっていかなくてはならない。日本の漁業協同組合任せの漁業のあり方に一石を投じて構造を変革させる。

萩大島船団丸の6次産業化は、まさに価値創出企業の進化と深化と言える。

6歳になる息子をもつシングルマザーの坪内知佳。CAを目指していただけに、「どこかの国際線フライトで一緒に乗務したことがあったっけ?」と思える美貌とスタイル、身のこなしである。

「漁師の親分」とはとうてい想像もつかないギャップがある。

「母親の手一つで子どもを育てることは、仕事をする上でハンディキャップになるのは事実。子どもとの暮らしも考え方を変えた大きなきっかけの一つです。確かに大変だけど、環境には言い訳をしないと決めています。子どもと一緒にいることは、私の人生をつくる一つの材料だと思うので。

小さい頃から、会社を起こしてビジネスを自分の手で発展させ続ける人間でいたいと思い続けてきました。今は、その日一日がよければ、それでいい、自分が自分の責任の下で自分らしく生きる、たとえ明日死んでも悔いはない、そんな生き方をしていきたい」

飲みながら話をしていると、いつの間にか、目の前の美女が荒くれ漁師たちの女神、海のジャンヌ・ダルクに重なった。

コラム 2

パイクンのキャビン体験

「パイクン」とは、パイロット訓練生の略である。

パイロットとして空を飛び始める前に、2年間ほど日本各地の地上の一般現場で、本来のお客さま主体である商業エアラインとはどういうものかを体験させるカリキュラムである。

大学卒業直後に自社養成で採用されたり、宮崎空港内にある航空大学校を卒業して入社しても、空を飛ぶ前にバランス感覚を植えつけようとの趣旨である。

ニュージーランドのホテルのロビーで、その日、デッドヘッド（DEAD‐HEAD：非番でお客さまと一緒に客席に乗ること）で帰るパイクン二人が私に挨拶する。

一見してパイロットの制服だとロビーにいる他のお客さまもわかる姿だが、どこか少し違う。キャプテンが上下黒制服の袖に金線が四本、コーパイ（副操縦士）が三本。操縦士二人だけのハイテック機になった今では少なくなったが、航空機関士などの三人目であるセカンドオフィサーが金線二本をつけている。

パイクンは、操縦席での見習いだから、まだその金線が一本も与えられていない。上下黒一色の制服だから、「カラス」と先輩に揶揄される。

もちろん訓練生とはいえ、数年間にわたって、外国訓練基地や国内訓練空港で離着陸を実機で十分に訓練している操縦のプロである。

機内の客席に座る時には私服に着替えて搭乗するが、空港ゲートのイミグレーション（出入国管理）を通過する際には乗務員専用の出入り口を使うために、制服着用が基本になっている。


空港に向かう車内で、私が隣に座ったカラス二人に提案した。

「後にも先にもCAの仕事を体験できることはないかもしれない。お客さまあっての商業エアラインだから、接客を体験しておくのは重要なことだよね。どう？」

「どうって――」

「エプロンを借りてキャビンに出てみるだけでも十分な経験になると思うよ」

「あのう……コーヒーはいか、いかがです……かあ」

エプロンを掛けたぎこちない男が、おどおどしながらキャビンの通路に突っ立っていた。

向こう側の通路ではCAたちがきびきびと日本茶をついで回っている。

「あのう、コーヒーは……」と、まだこちらではでくのぼうが食事中のおじいちゃんの顔をじっと見つめたまま、ディキャンター（コーヒーを入れたポット）を持って動かない。

反応がないので次の席に移動しようとした時だった。

「お兄ちゃん、せっかくだからコーヒー一杯、もらうべよ。いやあ、今日のサービスはいいねえ、やっぱりこれだからJALは最高だよさあ！」

すると、周りのお客さまも次々に「俺も」「私も！」とコーヒーを注いでもらい始めた。

「おネエちゃんたちは頼もうかなあと思う間もなく、目を上げたら、もう近くにいないいんだもんよ。せわしないよなあ」

周りは大笑いしている。その通りだといわんばかりに手をたたいている。

「そうだよ、俺たちは田舎モンだから、おっかなびっくりで何か一つ頼むのも怖くてねえ、その点、お兄ちゃんは安心だべ、さすがはJALだよ、頑張れよ、若いの！　なあみんな」

私は、その反応を見ていて不思議な感動を覚えた。

感動というより、ハッと本来の自分に還ったというべきか。

国際線機内誌にはコメントカード（お客さまの感想を書く社長宛ての手紙）というものが挟んである。お客さまが「サービスが素晴らしい」と感じたら、グッド・コメントを記入して提出してくれる。

管理職になると、寄せられたコメントカードがすべて閲覧用に回ってくる。

苦情のバッド・コメントは、該当乗務員に当時のやりとりなどを詳しく事情聴取をして、再度上層部へ報告書を提出しなければならない。

本人の言い分を聞いていると、なるほど、こちらに非はないのだなと一応納得するが、不思議なもので、同じようなバッド・コメントは幾度も同じ人間宛てにくることが多い。

いつも遅刻してくる人は、決まってその都度それなりのもっともらしい理由を述べ立てる。根本の原因はすべて本人にある。

実は、お褒めのグッド・コメントは、圧倒的にベテランより、新人に対してのほうが多い。

ＣＡには同時遂行能力が求められる。

大型旅客機の機体は両翼が61m、尾翼の高さは18m以上、全長が74m近くある。その長い距離で、客室前方から最後尾のギャレーまで何か足りない物を取りに行くとすると、通路の途中で必ずと言っていいほど、お客さまに何か頼まれる。

ベテランになると、自分の用件を優先させないと仕事が先に進まないのがわかっているので、まっすぐ前を見据えて直進する。

お客さまからの要望があれば、複数の用件を聞いておいて、自分の目的を果たした帰り道には頼まれたものを提供しながら戻ってくる。なるべく自分の流れを止めないように、それでも頼まれたものは確実に、それがベテランたるプロ。

新人は、その、百戦錬磨のスマートさを身につけていないから大変である。

本来の目的を果たして持ち場に戻ってくるまでにはかなりの往復を繰り返す。最悪の場合には、何をしに持ち場を離れたのかさえも失念してしまう。

だが、ここでも言えることは、スマートな「仕事のできるベテラン」よりも、「仕事のできない新人」のほうが、はるかにお客さまの評価が高いことがあるということである。

お客さまの評価はいつも、「Only for me」が満たされたときに賞賛に変わるということを、パイクン二人がサービスを振る舞う姿を見て改めて心に刻んだ。

第3章

強くなれる言葉

「外すと怪我も大きいが、
カップの手前で止まるような
届かないボールは、絶対に入らない」

タイガー・ウッズ
プロゴルファー

タイガー・ウッズが、私の乗務する飛行機に乗ってきた。

他のお客さまも待合ラウンジですでに彼が乗車することを知っていたので、機内搭載してある他の海外路線でのゴルフ番組放映用ビデオを差し替えて放映することにした。機転を利かせた特別のサービスである。


彼は、父親の手ほどきで生後9カ月からゴルフを始め、2歳でカリフォルニアでも評判の幼児ゴルファーになり、8歳でプロに近い70台のスコアで回った天才児である。

アメリカ史上最も成功した現役で活躍するスポーツ選手として名声を得て、生涯収入はすでに2600億円。

スポーツ選手長者番付1位を12回獲得し、『Forbes（フォーブス）』の「アメリカで最も裕福なセレブリティ」で9位に選ばれている世界的なヒーローである。

母親は中華系タイ人、父親は黒人のアメリカの軍人で、ベトナム戦争で戦い、尊敬する南ベトナム将軍のニックネームから、タイガーと名づけたとか。

ビデオが始まると、タイガー・ウッズも、早速ヘッドフォンを取り出して自分のプレーに見入った。

私は、スクリーンではなく、彼を背後からじっと観察していた。

彼のプレーを観ていると、必ずカップを越すような強い勢いのパットで打っている。

番組が終わって、ヘッドフォンを外した時に、私は彼にその理由をそれとなく聞いてみた。

彼はにっこり笑って答えた。

「外すと怪我も大きいが、カップの手前で止まるような届かないボールは、絶対に入らないでしょ」

なるほど！　けだし、名言である。


目的を超えるような勢いで生きていかなければ、絶対にそこに到達することはない。

棒ほど願って、針ほど叶う。

どうせという消極思考で、最初から針ぐらいの目標設定しかしないと、最大に届いても針以上のものにはならないが、棒ほど大きく挑んでみれば、その棒の半分しか届かなくても、針の何十倍も到達していることになる。

メダカぐらいの人生でいいやと考えるなら一生の舞台は金魚鉢の大きさでも十分だろう。

しかし、鯉ぐらいの人生を生きたいなら池になるだろうし、一回きりの人生、鯨みたいに壮大に生きてみたいと思ったら、太平洋をステージにするしかない。

夢をもって、ハチャメチャに振幅を大きく生きるには、容器やキャンバスを大きくしたほうが面白い。

思い切ってやってみればわかることだが、予想するほどに心配事は、現実には起こらないものである。

大風呂敷を広げれば、張子の虎で終わって笑われないようによけいに努力をすることになるから、ますます波乱万丈で人生が面白くなってくる。

百聞は一見に如かず。百見は一考に如かず。百考は一行に如かず。

どんなことが起きても、「嫌だな〜」でなく、「面白い！」と思う人生に対する前向きさがあったほうが得をする。

「ウイスキー造りにトリックはない！」

竹鶴政孝
ニッカウヰスキー創業者

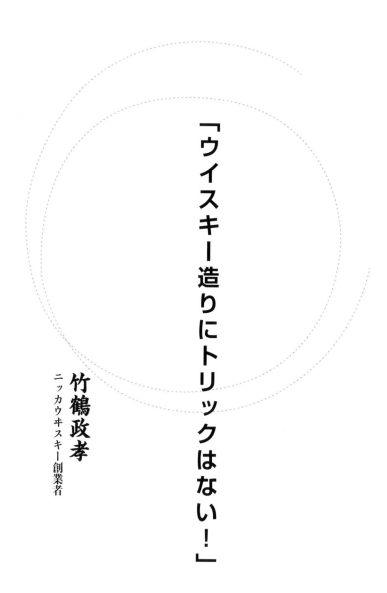

30年も前、国際線機内、ファーストクラスでの出来事である。

ある紳士が、CAたちをつかまえて、ウイスキー水割りのつくり方を教授したいと余興が始まった。

余興を始めたお客さまは、乗客名簿に「ニッカ社長さん」と記載してある、竹鶴威氏《たけつるたけし》である。最初は、ご老体のただの暇つぶしだと横目に見ていたが、なかなかどうして、話といい、つくり方といい、面白くて、ほかのお客さまも集まりだしていた。

終わった頃には、私もいっぱしのウイスキー通になった気になっていた。

それが縁で、北海道余市、スコットランドなど、長年にわたる取材が連綿と続いた。


「一本の万年筆とノートで英国のドル箱であるウイスキー造りの秘密を盗んでいった日本の若者がいた」と、イギリスの首相に言わせた、その実物のノートを見に、北海道・余市町まで飛んだ。

『ニッカウヰスキー』発祥の地である余市蒸溜所。凛と澄み切った寒風に混じって発酵アルコールの芳醇な匂いが流れてくる広大な敷地に足を踏み入れる。

竹鶴政孝《たけつるまさたか》は、広島市と尾道市の中間にある広島空港の地元、竹原町（現・竹原市）にある造り酒屋の三男として明治27年に生まれる。

竹鶴は大阪大学醸造科で洋酒に興味をもった。当時の日本のウイスキーは、中性アルコールに甘味料や香料、カラメル色素を加えたイミテーションだった。

卒業後は、大手洋酒メーカーの摂津酒造（現・宝酒造）に入社する。その2年後の1918年、スコットランドに留学して本場スコッチ・ウイスキー製法を勉強してくるようにと社命が下る。

竹鶴はグラスゴー大学応用化学に留学し、ハイランドの大地に点在している蒸留所をつぶさに訪問して本場スコッチの製造法を学ぶ日々が続いた。蒸留釜（ポットスチル）の内部構造を習得したかったため、専門の職人でさえ嫌がる釜の掃除も買って出た。

3年後、現地で結婚したリタを連れて日本に帰国する。

待っていたのは深刻な戦後不況の嵐。本格的なウイスキー造りは誰からも相手にされず、やるべき仕事もなくて摂津酒造を去ることになる。

失業した竹鶴は、桃山学院高等学校で化学の教師になり、妻のリタは、ピアノや英語の家庭教師で細々と生活する。

寿屋の鳥井信治郎は、ちょうどこの頃、本格的なウイスキーの国内製造を目指していて、スコットランドに醸造技師派遣を依頼中だった。ところが、その返事は、「わざわざ呼び寄せなくても日本には、タケツルという優秀な適任者がいる」という報告だった。

1923年の梅の咲く頃、鳥井信治郎と竹鶴政孝との出会いで運命の扉が開けられた。

鳥井は竹鶴に破格の給料を提示した。その年俸はスコットランドから呼び寄せる技師に払う予定の額だった。

「技術面では全部任せること、働くのは10年間だけ」との約束を竹鶴は取りつけ、スコットランドと風土や気候が似ているウイスキー造りに最適な土地探しに取りかかる。

厳しい寒さに包まれ、霧の立ち込める朝に清冽な水がこんこんと湧き、無尽蔵のピート（泥炭）が広がる優しく眠るような大地。それを、北の果て、北海道の余市に発見した。

水や気候風土はもちろんのこと、大粒で良質な大麦を発芽させたモルトと、葦などの水辺植物が数万年にわたって堆積炭化してできたピートも必須であった。

麦芽をピートで燻蒸乾燥させる時の独特の香気（スモーキー・フレーバー）は、『命の水（aqua vitae）』が語源のウイスキーの命である。

だが鳥井は、余市は「遠すぎる！」と一言、関西近くの別の候補地を探すように命じた。

5カ所の気候条件などの候補地から、ようやく決まったのが京都近郊の山崎であった。

1929年4月、竹鶴が製造した最初のウイスキー『サントリー白札』が発売された。だが模造ウイスキーを飲みなれた当時の日本人には、本場造りにこだわった強烈な本物の味は受け入れられず、販売は低迷した。

竹鶴は、夢である本物志向のこだわりを捨てることができないまま、約束の10年を待って寿屋を退社し、「良いウイスキーは北の風土が育むもの」との信念で、余市に向かう。

ウイスキーはオーク材の樽に詰めてから、最低3年から十数年も熟成させなければ出荷できない。つまりそれまでの間は収入ゼロである。そこで竹鶴は地元のリンゴを買い取ってジュースを販売する会社にし、大日本果汁株式会社と名づける。

そしてついに6年後の1940年10月、大日本果汁を短縮して「日果」、夢が叶った『ニッカウヰスキー』第一号が誕生した。

竹鶴はリタとの間に子はなく、北海道大学で醸造工学を勉強した甥を養子にする。二代目社長の竹鶴威である。

その竹鶴威さんが、私の目の前で、ていねいに講釈しながら、水割りをつくってくれた。

「スコッチ本来の呑み方は、ショットグラスのストレートで味わい、チェイサー（「追いかける」の意味）の水をその名前どおりに後から飲む、そしてまた新鮮な舌でストレートを楽しむのがベスト。美味しい水割りのつくり方は『ワン・ツー・スリー』が基本。まずグラスに指二本分ぐらいの深さのウイスキーを注ぎ、その2倍の冷水を入れて、大き目のカチ割り氷を3個入れてかき混ぜ、30秒馴染ませてから飲む！　政孝の酒量はウイスキー一日一本。ハイニッカを好んで飲んだ。ただし、晩年には三日で二本に減りましたがね……」

竹鶴政孝が、山崎で初の国産ウイスキーを造ってから約90年。

世界コンテストで、ニッカウヰスキーは4年連続の最高賞を受賞し続けている。

わが国古来の日本酒の世界品評会で、イギリスなど外国勢の酒造会社が、日本酒世界一になるようなものである。

「ウイスキー造りにトリックはない！」

竹鶴政孝の声が、今夜もちびり味わって舐めているピュアモルトから聞こえてくる。

「すべてをありのままに受け入れる」

栗城史多
登山家

栗城史多《くりきのぶかず》。１９８2年6月9日生まれ。身長１６２㎝、体重61㎏。小学校の遠足以来、山に登ったことのない小柄な若者が、21歳の時、憧れの彼女に誘われて山岳部におそるおそる入部した。

そのわずか2年後には、経験の少ないアマチュア同然の者には無謀すぎて自殺行為だという専門家たちの反対を押し切って、アラスカにある北米大陸最高峰マッキンリー（現在のデナリ／６１９４ｍ）に挑み、「単独・無酸素」登頂に成功した。そこは、世界五大陸最高峰登頂を成し遂げた登山家・植村直己さんが遭難死したところである。

勢いに乗った彼は、なんとその半年後には南米大陸最高峰・アコンカグア（６９５９ｍ）、さらに半年後には欧州最高峰・エルブルース（５６４２ｍ）、その4カ月後にアフリカ大陸最高峰・キリマンジャロ（５８９５ｍ）、そのさらに1年後にオセアニア最高峰のカルステンツ・ピラミッド（４８８４ｍ）、その翌年に南極大陸最高峰ビンソンマシフ（４８９２ｍ）を次々と登頂、成功し、神がかり的な快進撃を続ける。

三浦雄一郎氏、野口健氏など世界でも著名な日本の登山家は多くいるが、シェルパを複数同行して酸素ボンベを背負って登るのが通常である。無酸素で、しかも単独での登山。その条件での7大陸制覇は人類史上で前例がない。最後に残されたエベレストを除き、これで6大陸を制覇したことになった瞬間である。

2008年春、7大陸目であるエベレスト、現地名チョモランマ（チベット語）、サガルマータ（ネパール語）の名の通りの『偉大なる神聖な山』、世界最高峰に挑戦した。

栗城青年との出会いは、2007年9月18日であった。

HIS創業者の澤田秀雄さんの講演後の懇親会会場に、栗城さんが札幌からわざわざ駆けつけて来ていたのだ。

目的は登山費用のスポンサー探し。澤田さんとざわめく会場で話をしている時に、酒を片手に立ち話で初対面の彼の話を一緒に聞いた。

すると、2000万円が早急に必要だから、なんとかカンパをお願いしたいと言う。

「何を考えているんだ、相手にしないほうがよさそうだ」というのが最初の印象である。

初対面で澤田秀雄が誰かもよくわかっていないのに、いきなり2000万円くれないかとは……。

が、話を聞くうちに驚いた。目の前の小柄な青年が、まだ発見されていない植村さんの屍を乗り越えて、いとも簡単に最初に登った山がマッキンリーなのだと聞いて耳を疑った。

それも、単独で、無酸素で。

「南極への唯一の手段は、南極大陸に一番近いチリ最南端の町から、軍用機をチャーターするしかないんです。その費用だけでも、最小限の友人の登山支援隊員三人と荷物運搬で一人当たり400万円もする。だから、今回は誰かにカンパしてもらわないと、南極は難局になるんですよ」

栗城くんは、白い歯を見せてハハハッと軽く笑い飛ばす。なんとも陽気な、能天気と言ったほうがぴったりの不思議な青年であった。私も酔った勢いで言ってしまった。

「よっし！　せめて南米までの航空運賃は空席利用で何とかJALに交渉してみよう」と。

その夜、彼からもらったDVDを観ると、困難を極める登頂の様子が克明に録画されていた。よくもまあ、こんなところまで登って生きて帰ってこられるものだと思う場面が、これでもかと出てくる。そこで不思議に思った。単独登山であるはずなのに、後ろ、下から、誰かが撮影をしている。

すぐに電話して聞いてみる。

「ああ、あれは三脚を立てて、自分で撮ったものです」「そのカメラは？」「ええ、死ぬ思いで登った数十ｍであっても、その度に引き返して回収しますよ、ハッハハ……」

なんとも、あっけらかんとした答え。さらには、パソコン持参で世界に向けて登山の経過をブログ配信までしていると言うのだ。過去のしがらみや古い思考イメージにこだわらない、このワクを超えた行動、その既成概念をもたない彼だからこそできる神業なのか！

その夜は、心地よい夢を見ているようで、なかなか寝つけなかった。


翌日から、目一杯つまっている仕事の日程を調整して、行動に出た。

ＪＡＬ社内の同期や取締役になっている後輩のツテを頼って、担当役員と栗城青年を引き合わせることにした。金が出せないのは重々承知、世界的にＪＡＬのＰＲになるまたとない機会だから、ブラジルまでの飛行機代だけでも空席提供で協力してくれと懇願する。

だが、社内単独では決定しづらい。「ビジット・ジャパン・キャンペーン」をやっている国交省も一緒にやってくれるのであれば、コンセンサスも取りやすいのだが……とのこと。

すぐに大阪に電話をした。主宰している自己啓発勉強会「３％の会」の関西地区幹事をしてもらっている人の父親である冬柴鐵三国土交通大臣（当時）に面会できることになった。

ひょうたんから駒だったのは、ちょうど北京オリンピックの年で、最後の中国側からのエベレスト登頂時には日本国と中国政府の協力が可能になったことだった。うまくいくと、国賓待遇で国際的イベントにすることもできるかもしれないという。

その結果、澤田さんが、大金を出してくれることになり、栗城くんのチャレンジの大きな助けとなった。もちろん、その間も、栗城くんは小さな講演活動や北海道の地元の企業などからの応援募金をやりくりして準備していた。


二人で行動していても、栗城くんはごく普通の純朴な青年で、大人しくて礼儀正しい気遣いの達人、誰からも一瞬で好かれる人柄である。

なぜそこまでやって、命の危険を冒して山に登るのかと聞く。それは「そこに山があるから」だと言う。聞いてみた自分が恥ずかしくなる。人はなぜ生きているのかを問うに等しい愚問であった。

栗城くんの偉業を、いつの間にか全面的に応援しようと尽力する気になってしまっている自分がいた。実に天使みたいな青年との出会いである。

私は栗城くんにこんな話をした。遭難しない方法が一つだけある、次のことを常に念頭に置いておけ、と。

オリンピックで金メダリストになった人が機内にいると、私は必ず自分で出ていって直接インタビューするのだが、彼らには共通点があることに気づいた。それは、彼らは、一位になることを考えていたのではなく、表彰台に上った時にどんなガッツポーズを取るかを具体的にイメージしていたということだ。

同じように、栗城くんが七大陸制覇することだけを最終目標に設定していれば、エベレスト登頂成功後の下山時にこそ慢心して事故に遭う可能性が大きい。だから、ヒーローになった後には、下界でどのような素敵で有意義な人生を送るかのみを具体的に想像しながら進めと。考えるだけではだめで、具体的に書くこと。そのイメージを絵に描いてみること。それができれば最高のお守り札になる。人間、常に次にやらなければならないことが待っていれば、現在の困難なことは意外と簡単にクリアできる。自転車乗りと同じで、初心者のように足元だけを見ているとコケるが、遠くを見ているとスイスイと進む。明日やることがある、次の夢があるということは、人間の命にはとても大事なことなのだ、と。

それに対して、「遭難した人は、間違いなく幸せな状態で死んでいくのだと思います……」と栗城くんがボソッと言った。極限の状態で登っている最中に疲労と凍える寒さで強烈な睡魔が襲ってくる。いつの間にか、家族団らんの場で楽しい笑い声が聞こえ、自分は暖かい布団の中にいて、ああ気持ちいいなあと安心する。ハッと気がつくと奈落のどん底に落ちる寸前の危険に遭遇している自分がいる。天国からの誘いに乗らないで、正気に戻す自分との戦いだとも。

ある日、栗城くんにこう尋ねたことがある。

「登山の最中に悪天候や高山病など、危機を迎えた時には、どんなことを考えるの？」

この質問に対する栗城青年の言葉が印象に残っている。

「すべてをありのままに受け入れるようにします。ああ自分は今、ピンチかもしれないな。でも仕方ないや、と軽く考えるのです。ここで大変だ、なんとかこの危機を乗り越えよう、と焦ると周囲が見えなくなりますからね。ピンチはピンチとして受け入れて冷静に、そして自分が置かれた状況を楽しむぐらいの余裕が必要です。執着が一番危険なのです」

幸福の秘訣は、自分がやりたいことをするのではなく、自分がやるべきことを好きになることである。

2018年5月21日、栗城くんはエベレストで滑落、36年の生涯を終える。

「人間でも会社でも、
いつかは壊れるようにできとるんです」

矢野博丈

「ダイソー」大創産業創業者

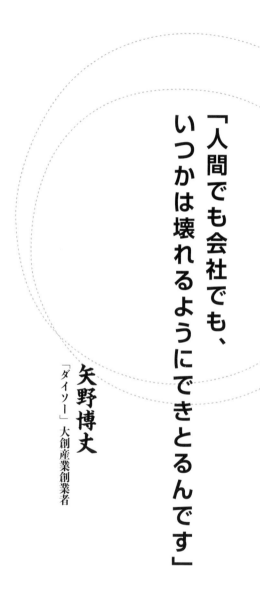

「私はどうしようもないただのオッサンですから、欠点は数え切れません」

パーティー会場の隣席で彼は手酌で酒を飲みながら、「転職は9回、能力がないけえ〜仕方なしに目の前の仕事を一生懸命こなしてきただけで……」と真顔で語る。

風采は、どこにでもいそうな地味な下町のオヤジさんである。

世の中にはポジティブな言動を信条とする社長も多い中、

「わし自身、何もないんですよ、中身が。物事は、ずっとうまくいくことはありえないんですよ。発生があって成長があり、いつかは衰退するという哲学を持っとるんよ。人間も会社でも、いつかは壊れるようにできとるんです、ほかにする能力がないから、悪い流れに飲み込まれんよう、いつも恐れおののいておらんといけんのです」

と話すネガティブな姿勢に驚く。

学生結婚した妻の実家がハマチ養殖をしていて跡を継いだが、3年足らずで倒産させてしまい、多額の借金を背負ってしまう。熱海の崖から海に突っ込むつもりで、オンボロ車で妻と幼子を連れて夜逃げする。夜明けのまぶしい太陽を目にするうちに、ここまで来たのなら東京まで出てみようとハンドルを切る。

百科事典のセールスマンや、ちり紙交換など転々として四苦八苦のその日暮らしが続いたという。そのうち、資金繰りが苦しくなった企業や倒産した会社から仕入れた雑貨を格安でバラ売りするトラック移動販売のバッタ屋商売が軌道に乗った。

いろんな場所に朝早くトラックで行き、道端の空き地やスーパーマーケットなど人通りの多い店頭近くで商品を並べて売っては撤収する。仕入れも会計もすべて一人だから24時間稼働で、子どもを保育所に預けて現地に行くと、もうお客が待っている状態。バラバラの小物商品が多く、一人で販売しているから値札を付ける手間も間に合わない。面倒だから、100円均一にしてしまう。

戦略があったわけではない、仕方なしに、であった。

広島の父親は、高額所得者番付に載るほどの医者で、兄も弟も国立大学の医学部へ進んだが、彼は中央大学理工学部土木工学科の夜間に行く。五男として生まれたから、名前は栗原五郎。馬鹿にされやすい名前だったと小さい頃から気に入らず、学生結婚した妻の矢野姓を名乗り、名前も博丈に改名してしまう。

軌道に乗り始めた「矢野商店」は、やがてダイエー店内に6割も商品を卸せるようになった。

ところがダイエーの中内切《なかうちいさお》オーナーは催事場が汚くなるから100円均一の催事は中止すると言い出した。「これでは潰れてしまう！」と、ダイエーの客が流れる目の前に100円ショップを慌ててつくった。これが繁盛し、常設店舗形態の100円ショップ・ダイソーの始まりになる。

1991年に最初の直営店を高松に出店してチェーン展開を始める。折からバブルが弾けて長期不況に突入し、安価な100円ショップは急速に売り上げを伸ばした。

同業他社の参入で業界が活性化、店舗網が全国に広がって新しい小売業として認知され、大創産業は急成長を続けた。今や国内3622店舗、海外2251店舗（2020年2月末現在）、売上高5015億円（2020年3月末現在）の企業となった。

会社の新卒採用サイトに書いてある文言がひときわ目を引く。

「ダイソーは全国47都道府県に店を出店してるが、これは野心から出たものではない。まず色々な人にダイソーの商品を見てもらいたいという思いと、他社に対する恐怖だ。現在の商いは生きるか死ぬかの世界に入っている、気を抜けばやられる」

矢野博丈《やのひろたけ》社長は、私がお酌したコップ酒をグビッとやりながら続ける。

「それはもう、めったに売れん物も、在庫もいっぱいよ。でもスナック行って、女の人が三人しかいなかったら、話の合わんお客さんは不満かもしれんでしょう。でも300人いるクラブだったら、どんなお客さんも、合う人が見つかる。そんな揃ったクラブがあったら、よそは簡単につくれんでしょう。それが100均の原点。そもそもダイソーなんて底の浅い商売ですから、やがてつぶれるに決まっているとわかっていた。ただ成長が止まり、いつか追い落とされるのではないか、その恐怖心と生活していかなければならない現実で、今でも必死ですよ」

その時、矢野さんと私の前に、視覚障がい者のコーラスグループがステージから降りてきて、寄付金箱を持ってテーブルの横を通った。矢野さんが彼らに小声で言ったのが私にははっきり聞こえた。

「200万円ほど寄付させてもらうので後から連絡してな、会場の皆さんに内緒にしといて」

棒が一本で立つと倒れやすい。横に棒を持って十字になればバランスが取れる。それでも「十」年「立」つのは、きついから「辛」いという漢字になる。つらくても、それを「一」途にやり抜けば、「幸」という漢字になる。

負けん気と孤独と根性、優しさと厳しさ、追い立てられる恐怖心とその弱さをバネにした上昇志向。成功の要諦を垣間見た一夜であった。

「不器用な人間ほど一流になれる」

秋山利輝
秋山木工創業者

成長の段階には「守・破・離」がある。

「守」はトレーニングのことであり、師匠の型の真似だけに没頭する段階。「学ぶ」は、「真似ぶ」からきている。そのパクリの連続が本物として通用できるようになり、後世にまで引き継がれるようであれば、「仕事を似せて引き継ぐ」↓「仕似」↓「老舗《しにせ》」になる。

「破」は、師からパクリ盗んだものに、自分流を加味できるまで成長した段階。

「離」は、師匠から離れ、独自の創造力が発揮できて、自力で大空に飛翔するまでに達した段階。

それが、世間から賞賛を受けるまでに達すれば、出藍の誉れとなる。


つまり、物事のすべての始まりは「守」からである。

真似るべき原型がすべてを決定づける。

従って、よき手本になる師、どのような「金型」との出会いがあるかが、運命を大きく左右する。

穏やかで、爽やかな紳士の秋山利輝《あきやまとしてる》さんと名刺交換をした。

「家具職人、（有）秋山木工代表」とある。

「手づくり家具屋さんですか？」と軽くやりとりしていたら、そばにいたアサヒビールの泉谷社長（当時）が言う。

「ただの家具じゃない、皇室、迎賓館、国会議事堂など超一流施設で使われているものですよ」

聞けばNHKや、『ガイアの夜明け』でも取り上げられ、魂の人材育成の師匠としても有名とか。

驚いた。10代で入社してくる若者は全員、住み込みで4年間の工房下働き丁稚をするという。

起床は5時前で、秋山さんも一緒にマラソンをし、隣近所の道路を掃除し、自分たちで朝食をつくり、一日の工作が終わってようやく自由時間になるのは夜8時以降、それからが自分の道具の手入れや使い方の自主訓練時間になる。

技は盗むもの、日誌には反省や気づきを徒弟制度の先輩と話し合いながら丹念に記入し、就寝は深夜。

枠にとらわれて創造力が制約されないように、日誌には罫線なしの真っさらなスケッチブックを使うそうだ。

その日誌は親の元に送られ、感想や応援文などが書き込みされて再び返ってくる仕組みで、成長の度合いが周りにも見え、精神的にも大きな支えとなるとか。

休みは盆正月のみで、わずかの休日も遊びに出かけるのではなく、自分の道具の買い物をする。給料は宝物の刃物が買える必要最小限額、携帯電話所持は不可で連絡は手紙でのみ、恋愛禁止どころか女学生も入社時には丸坊主にならなければならないという。

入門願書が届くと秋山さんは全国へ面接に出かけ、そこで親が店屋物の寿司でも取り寄せるようだと、その場で失格となる。

質素でも心のこもった心配りが必須だとか。自分だと親としてどう接待しただろうかと、ハッとさせられる。

バカになり切れるかどうかの丁稚時代の「守」の4年間の後、職人時代「破」の4年間、計8年もかかってようやく一人前に成長したら、その時点でクビになる。

冷徹なほど絶妙な「離」のタイミングである。

厳格な丁稚制度を復興し、徹底的に社員を一流職人に育て上げる哲学をもとに、私心を捨て世の中のために働く、社会にとって本当に必要とされる真の職人を育てている。

「もし世界に広めたいとすれば、家具よりも、うちにいる職人ですよ！」と秋山さんは言う。

経営者が自分にとって都合のいい便利な社員を育てるようでは本物の職人は育たない！

それが秋山流である。

「松下電器は〝人をつくっている会社〟です！」と言い放った松下幸之助氏を彷彿とさせる。

どんなプロも最初は素人、大工さんだって金づちを手にして生まれてくるわけではない。努力に勝る天才なし。天才とは、努力の別名である。

秋山さんは言う。

「器用ゆえにスタートは成功するが傲慢になりやすい人間と、不器用だから初めは失敗ばかりだが地道な人間、10年後に勝つのは後者です。不器用な人間ほど一流になれる。人間性を上回る作品はできませんから！」

秋山さんのような素晴らしい「人づくり職人」でもある名工、匠には、さらに大活躍してもらい、世界から尊敬される日本人を一人でも多く世に送り出したいものである。

「不真面目は他人への迷惑、真面目は自分の身体への迷惑」

安保徹
新潟大学名誉教授

大学の教壇で講義中に、立っているのがつらいほど体調の異変を感じた。

地元の病院で食道癌の宣告を受け、大学病院へ行くように言われた。２０１５年の春である。予約時間より3時間以上も待たされて、ようやく教授の診察室に入ると研修医がずらりと立っていた。画像モニターを使って延々と病状を研修医たちに説明する教授。

「あの～先生、手術して食道摘出とのお話ですが、ほかに治療方法はないのでしょうか？」

「ないね。一部だけなのか全体に発症しているのか不明だから、40㎝全部を切除するしかない。腹部を切開して胃袋を半分に切って、その残り半分で竹輪状の食道をつくり、胴体を脇から背中まで輪切りに開き、喉元を切り開けて指を突っ込んで縫い合わせて吊り下げる……。むずかしい手術だが、食道癌はつい最近まで生存率37％だからね」

他人事であってほしい、悪い冗談だと思いたかった。

「で、手術はいつ頃になるのでしょうか？」

「混んでいるから、秋以降でしょう」

「えっ、そんなに待って、癌は進行性じゃないんでしょうか？」

「もちろん進行しますよ。また来月頃予約を入れておいでください。はい次の方！」

「……」

待合室にズラーッと並ぶ長い患者の行列を横目に、すぐに東京商工会議所の視察で面談したことのある「亀田総合病院」の亀田信介院長（当時）のことが脳裏をよぎった。

鴨川にある亀田総合病院は350室すべてが個室で、太平洋を望むオーシャンビューはまるで南太平洋のリゾートホテルみたいに豪華で明るい。眼下に広がる海岸のヘリポートには次々とドクターヘリが着陸し、世界的に著名なゴッドハンド医師が7名もいて、常勤医師が500名、スタッフを入れると2000人もいるという、日本の病院では突出した陣容をほこる。

24時間面会可能で、家族は同室で宿泊もできるし、最上階には本格的なイタリアンレストランなどもあって酒も飲める。各階には家族用貸切のパーティールームまであって台所もついている。個室病室のパソコンでは、各医師のプロフィールや私生活の趣味まで閲覧できるどころか、自分のカルテも見ることができるようになっている。なんと三日先の食事メニューも選択できる。患者と医師たちの通路が別々なので、どこにも医師の姿が見えないし、病院独特の薬の臭いが全くしない。完全予約制なので行列して待っている病人はほとんどいない。

そこまでやるか！と驚きの常識破り病院だが、亀田院長は言う。

「入院した時から気がめいったストレスのβ波で、本当に病気になっていく人が多い。楽しく明るい気持ちになってα波の元気を満タンにして免疫力をアップして治癒してもらうのが私たちの仕事です！　黒木さんが言っている『面白くなくちゃ人生じゃない』と同じく、『楽しくなくちゃ病院じゃない！』なのですよ。最高の良薬は免疫力ですからね」

数日後には、私は亀田総合病院の病室にいた。

そして、9時間に及ぶ大手術をして24時間診療の2カ月間の入院をした。今さら思い返して驚くことだが、あれだけの大病をしたにもかかわらず、薬は一錠ももらった覚えがない！　そして肝心の費用は、計算間違いじゃないのかと驚くほど安かったのだ。

免疫学の権威あるで安保徹《あぼとおる》さんに入院することになったと連絡すると、懇切丁寧なメールが届いた。

「黒木さん、癌は生き方の無理で発症します。特に自信がありすぎる人です。病気を悪いことと取らずに、天からのメッセージととらえましょう。覚悟を決めて体を温めて治しましょう。迷いから脱却し、感謝の心境です。良い流れに入るでしょう。細かいことは感性で決めましょう。不真面目は他人への迷惑、真面目は自分の身体への迷惑なのです。

癌は、ガンバリ屋さんで真面目すぎる人に多く、無理して生きている交感神経の緊張状態、ストレスのβ波の極限で起こる病気です。一日一回も笑わない人間は必ず癌にかかるのです！　癌細胞は酸素が大嫌いだから、日々ストレスを溜めて血流が悪くて低体温の人に増殖しやすいのです。現代の日本人は、35℃台の低体温が多いが、癌細胞は35℃で一番増殖して、39・3℃の高温になると死滅します。抗癌剤を使うと一気に34℃まで下がり、33℃は冬山で遭難者が死ぬ体温ですので、1℃の差は大きい。体温が1℃下がると37％も免疫力が下がります。

高熱で寝込んだ患者の癌細胞が消滅した例が多いように、発熱こそ癌が治る最高のチャンス。ラジオ体操や縄跳びなどで、毎日うっすらと汗をかくのが良いのです。階段を積極的に使うこと、常に体温を高く保つことが健康維持には重要です。発熱すると、脳から心地よくなるβ-エンドルフィンが分泌されて、副交感神経・α波がよく働き、血行が良くなり、病気の治癒が促進されます。白血球の細菌を攻撃殺菌するNK（natural　killer）自己免疫細胞が増強され、免疫力を高めることも、アレルギー対策も、すべては体温を上げることが鍵を握っています。

副交感神経刺激のα波で、明るく楽しく過ごせば、血流も活発になり免疫細胞も活性化します。抗癌剤投与は、リンパ球をつくる骨髄の造血巣を破壊して、癌が再発することになります。抗癌剤は悪性腫瘍の増殖を抑える薬品を使う化学療法で強い毒性をもっており、健常な細胞も抑制妨害・破壊してしまう。毎日つくられる新しい細胞は、毛根や粘膜が最も活発ですが、この新細胞の発生を抗癌剤が根絶やしにするため、強い副作用で吐き気・悪心を併発するだけでなく、髪の毛は抜け落ち、内臓の粘膜はただれて死に始め、白血球をつくる骨髄もやられるのです。

すべての薬をやめて、α波に浸りながら体温を上げれば病気は必ず治ります……」

大病を患って初めてわかったことは、人に優しくなったこと。今まで、車椅子に座ったことがなかったから、その新しい未体験ゾーンの視界が広がったこと。この年になって初めて知ったことばかり……。

「こころ」は誰にも見えないけれど、「こころづかい」は見える。「思い」は見えないけど、「思いやり」は誰にでも見える。

「年年歳歳、花相似たり。歳歳年々、人同じからず」、生きているだけで丸儲け！なのだ。

「弱点を強みに変える。常識を疑う」

中村元
水族館プロデューサー

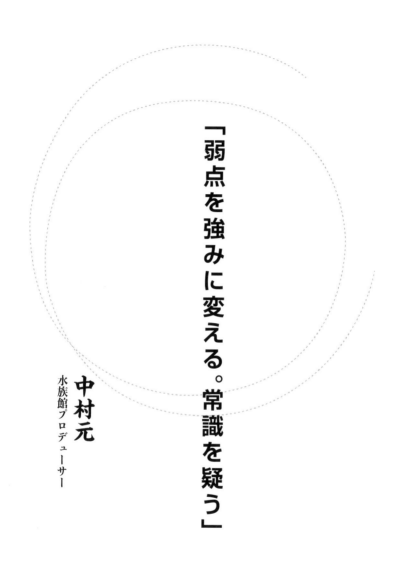

旭川市と北見市を結ぶ国道39号線を女満別空港から車で2時間近くも走った、大雪山のふもとの石北峠に近いところに、全国的にはほとんど知られていない「山の水族館」があった。展示は、コンクリートの壁に汽車の窓が並んだようにガラスがはめ込まれていて、そこから水槽の中を覗く昭和のレトロな古いタイプのつくりである。

そこには日本最大のサケ科の淡水魚、幻の魚と言われる絶滅危惧種の1mを超えるイトウが40匹近くも悠々と泳いでいた。水槽で飼育すると身体はあまり成長せず、頭ばかり大きくなってコブができたりして変形するものだが、どのイトウも透きとおる水の中で自然のままに泳いでいた。

とうとうと流れる天然の地下水、普通の水族館みたいに濾過する必要もなく、ただで無尽蔵にあふれていた。

近くには、「塩別つるつる温泉」があり、源泉かけ流しの天然だが、場所が極寒の地にあるだけに、冬はお湯に浸かっている最中でも髪がバリバリに凍りつく。

貧乏な田舎の町で予算もないが、何とかして町の活性化になるように水族館を建て替えたいと、日本で唯一の「水族館プロデューサー」の肩書きをもつ中村元《なかむらはじめ》さんに依頼がきた。

中村さんはすべての弱点を強みに変える発想で、ほとんど誰も足を運ばなかった田舎の水族館を、日本中から人が押し寄せる有名な観光地に大化けさせる。

例えば、豊富な地下水で大きな滝壺をつくり、その激流の中で泳ぐ巨大なイトウの群れを水中下のガラス越しから見られるようにした。水面は氷河みたいにマイナス20℃に凍りついていて、極寒の中でも魚たちが活き活きと生活しているのが見てとれる。田舎町には予算がほとんどなかったから、町民総出のボランティア作業で製作した。

温泉もあり、凍りついた水面下にある自然のままの「北の大地の水族館」は、「貧乏水族館奮闘記」のエピソード・ストーリーづくりにも成功して評判を呼び、年間2万人だった入場者はリニューアルオープン後の1年間だけで15倍の30万人に到達した。3億5000万円の資金でつくったが、経済波及効果は43億円にもなったのである。

中村さんの発想は、「弱点は克服するのではなく、武器にする」というもの。「弱点があるからこそ生物は進化してきた」と中村さんは言う。進化の反対は退化ではない、退化こそ究極の進化なのだと。

中村さんは、三重県育ちで、東京の成城大学でマーケティングを勉強すると、地元の三重県に帰って、畑違いの鳥羽水族館に入社する。魚の種類も分類もわからない素人の若者は、水産大学や海洋学部出身の者がほとんどを占める世界で、いきなり飼育係を志望する。無理だと言う館長に3年だけでもやらせてくれと頼み込み、アシカのチームに入る。

素人だから、任されたアシカたちも落ちこぼれ組だけだった。お客を前にしたショーの首に投げる輪投げも下手で何回も外すが、アシカたちは落とした輪っかを自分で拾って自分の首にかける始末だった。

ところが、これが大いにウケた。弱点を強みに変えたのだ。中村さんは、お客と舞台を仕切る柵をなくして、アシカたちに触れる距離までお客を近づけさせた。体験で、決して一般的に思われているほど動物は危険ではないことを熟知したからだ。歓声と感動体験で評判になった。

間もなく水族館でイルカの仲間のスナメリが出産した。当時では個人所有のビデオカメラは珍しい時代だったが、中村さんはその出産風景をビデオに収めてTV局へ提供した。それがまた世間で評判になり、鳥羽水族館の宣伝になった。

全国の動物園水族館では初めての広報室ができて、そこで、タツノオトシゴの出産風景などビデオ映像を制作して次々に発信する。TVのクイズ番組『わくわく動物ランド』や

『どうぶつ奇想天外！』でブームになる。

そこに世間ではまだ知られていなかった「ラッコ」が加わった。お腹の上で貝を割る可愛い姿の映像は瞬く間に一世を風靡して、鳥羽水族館は年間来館者80万人だったのが８００万人に。中村さんは副館長に昇進、遺憾なく才能を発揮することになる。

その後、22年間勤めた鳥羽水族館から独立して、神奈川県藤沢市にある「新江ノ島水族館」をプロデュース。またまたその斬新な発想は世間の注目を浴びるようになり、そして、巨大な60階建てビルの屋上にあるサンシャイン水族館から依頼がくる。

当時は、太陽が照りつけるビルの屋上に小さな動物園風の水族館が、お子様用にしつらえてあるだけだった。ビルの構造的に大重量になる大きな水槽を屋上につくるのは不可能な条件の中で、中村さんは下から見上げることのできる巨大なドーナツ状の水槽を張り巡らせる。

水量は上から観る水槽より少なくて済み、見上げると泳ぎまわるアシカや魚たちが真っ青な天空をバックに空を飛ぶように泳ぎまわる圧巻のマジックをつくりだした。

緑に囲まれた楽園の庭園が屋上を埋め尽くし、屋上に到着して開いたエレベーターからは、眼前に広がる、しぶきを上げる大滝で出迎えた。

新宿や渋谷に次いで電車が集まる大都市の中心地である池袋には数百万人が往来している。その、人の動きを一挙にビルの屋上まで誘い込む作戦である。お子様対象のミニ遊園地だったコンクリート砂漠を、ヤシの木やシダが生い茂り、噴水のある南国リゾートへ、大人たちのデートやビアガーデンのユートピアに変身させてしまった。

70万人の入場者だったのをわずか1年で3倍以上の224万人にしたのである。

「弱点を強みに変える。常識を疑う。反発する人たちの中には、頼りになる人がいる。目的を明確にして、それを再確認する。水族館は大衆文化施設。人口の8割を占める大人こそお客さんである」と中村さんは言い切る。

中村さんの大胆な着想、視点を変えた発想の転換は、世の中をもっともっと面白くしていくだろう！

トイレで指輪捜索事件

CAたちがギャレー（調理室）で何やら話している。

「どうしたんだ、何があったんだ？」

「チーフ、お客さまがトイレに落とした指輪を拾ってくれと……」

「そりゃあ無理だよ。せいぜいやれるのは、到着してから汲み取りの時に立ち会ってザルですくってみることぐらいかな」

何となく軽蔑の視線が周りから感じられる。

「俺がいつも言っている、『やれなかったのか、やらなかったのか！』と言いたいんだろ、君たちは……。実は昔、4カ月ほど機体整備の研修に行ったことがある。よっし、ビニール袋を持ってこい」

東京発のシベリア大陸越え、ロンドン直行便の機内。到着2時間前ぐらいだから10時間以上も飛行を続けている。400人近くのお客さんがいるから、トイレタンクの中身も無法状態になっているに違いない。

制服を脱いで腕をまくり、ビニール袋を手袋代わりにして、イザ!

でも、かなりためらう。後ろからCAたちが見ている。

思い切って異物いっぱいの便器に手を突っ込む。入り口は狭く、腕一本がやっと入る。すぐ下に何とも表現できない液体がたまっている。

腕を抜こうとするが、手袋代わりのビニール袋が引っ掛かってしまう。ムムッと焦っているうちに、ビニール袋が破れた! 一瞬目の前が暗くなる。もうこうなったら、前進あるのみである。肩まで腕を突っ込む。

機体整備の研修時に、この便器のユニットごと交換した経験があるから、大体の構造は覚えている。こんなところで役に立つとは……。

金の指輪だから、回転する丸いフィルターの向こう側には行かない。重いものはそんなに遠くまで行かずに近くに沈んでいるはずだ。確信らしきものはあるが、いっこうに手ごたえがない。

10分たち、20分がたつ。CAたちが、「もういいですよ、チーフ、無理ですよ」と声をかける。

その時、カチッと固い小さな物に指先が触れた。もう一度、懸命に指を伸ばすが遠すぎて、すんでのところで届かない。便器に顔がくっつくほど腕を伸ばす。手ごたえがあった！指で手繰り寄せると、あった、間違いない、指輪らしき感触だ！

取り出すと、その指先にはダイヤモンドを散りばめた純金の指輪が鈍く光っていた。

普通、機内でのこうした出来事はレポートに書いて逐一会社に報告しなければならないことになっている。

褒賞の対象になったりするし、レポートを提出しなければ機内のさまざまな出来事が見えず、後々問い合わせがあったりした時、社内で対応に困るからだ。

だが、私はこの件に関しては何ら書かなかった。要は簡単な紛失事故であり、それも無事発見して一件落着したのだから。それに自分の手柄話を自ら書くのも、何となく抵抗がある。

だが、この件は2カ月以上もたって、会社から事情聴取という形で私のところに話がきた。なんとその時のお客さんの夫が帰国後に、ＪＡＬの社長宛てに感謝の手紙を書いてきたという。

こうして、会社から大きな表彰状をもらうことになった。

汚いリアルな話であったが、これも世界一のＪＡＬを支える立派なエアライン・ビジネスの一つなのだ。こういう世界もあって、飛行機は今日も快適に世界の大空を飛んで行くのである。

ＪＡＬの機内トイレが世界一美しいのは定評がある。それは、ＣＡがこまめに掃除する「トイレ・チェック」があるからだ。

いつも誰かが当番でトイレの近くで見張っている。

今日も空を仰げば青空が広がっている。真っ白な一筋の飛行機雲を引いて、銀色の飛行機が飛んでいる。

第4章

人生が楽しくなる言葉

「広告宣伝費だと思えば安いもの」

ロッキー青木
BENIHANA創業者

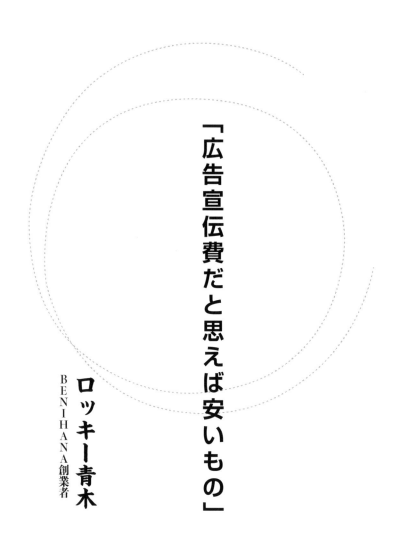

ＪＡＬの悲願達成目標は、世界一をリードするアメリカの象徴でもあった当時のパンアメリカン航空に並んで、ロンドン・ニューヨーク間の大西洋に定期便を飛ばして世界一周航路を完結させることにあった。そして夢は叶った。

「ブレックファーストはニューヨークで、ディナーはロンドンで！」とうたった新聞広告の日航乗務員募集案内を見て、アメリカ留学帰りの貧乏苦学生の私は、こんなかっこいい国際的な仕事があったのか！と初めて知った。大学院に進んで教授になるか、はたまた世界を舞台に駆け巡る外交官になるかという大きな夢をかなぐり捨てて、一時期の経験でもいいからすぐにでも海外に再び出られるのならばと、勇んで乗務員になった。

その大西洋路線乗務で、ロンドンに向かう1万ｍ上空から海を眺めながら、このあたりで悲惨な歴史に残るタイタニック沈没の大事故が発生したのだなと、感慨にふけったものだった。

当時は、米国と欧州を往来する日本人はほとんどいなかったが、そんな国際線機内ファーストクラスで、欧米人の紳士淑女と片っ端から名刺交換している日本人がいた。彼は私にこう豪語した。

「もともとファーストクラスに乗れるような金はない。借金してでもファーストクラスに乗れば、こうして金持ちの一流人たちといとも簡単に知り合いになれる！　広告宣伝費だと思えば安いものじゃないの！」

ロッキー青木であった。

ニューヨークでロッキーは、ある魂胆の手配を終えると、ニューヨーク・タイムズ新聞社などへ電話を掛けた。

「ハ〜イ！　面白いネタがあるんだけど取材に来ませんか？　今からビーフステーキの空中ブランコが始まりまっせ！」

お次は、ニューヨーク警察署へ。

「ハロー！　エレベーターボーイのストでね、66階建てマンションの部屋に閉じ込められたご婦人方へ食事を届けたいんだけど、何しろ人通りが多くて思うようにいかないんですよ。人の命に関わる大事な仕事なんですから、ここへ来て、交通整理をしてくれませんか？」

ロッキーの狙いは当たった。

受話器を置いて三分もたたないうちに、新聞社やTV局の車が飛んできた。パトカーは派手にサイレンを鳴らしながら駆けつけてきた。大事件発生！とばかりに、野次馬がどっと押し寄せてきた。

数百人が見守る中、やがて摩天楼の窓から投げおろされたロープには、大きな竹籠が結わえられ、スープやパンや肉料理が詰め込まれて、慎重に、少しずつ少しずつ、引き上げられていった。

周りのビルの窓という窓からは、みんな顔を鈴なりにして、この前代未聞の「出前」を見守っていた。

竹籠がちょうど10階の窓あたりを通過したとき、突如、ロープの片側が外れてグラリと傾いたかと思うと、中身の料理が、まるで花火のように空一面にブワ〜っと広がって、いっせいに落下してきた。熱いスープが、しぶきになって降り注いできた。真下の野次馬は、悲鳴を上げて逃げ惑い、カメラマンは機関銃のようにシャッターを切り続け、警官はめちゃめちゃに警棒を振り回して、何かわめきちらした。

逆さになった大きな籠の中には、誰からも見えるようなクリアな文字で「BENIHANA」と書いてあった。

翌日の新聞は、空一面に乱舞する料理の写真をでかでかと掲げて、

「ステーキ空を飛ぶ！　レストラン『BENIHANA of TOKYO』、スト中の苦肉の策！あわれ！」

と、この事件を派手に報じた。

ロッキーはニヤリとした。すべて、これは彼の演出だったのである。あと少しのところで、料理の籠がひっくり返ったのも、上からロープを引いていた仲間のジョンに、わざとやらせたことだった。

こうしてロッキー青木の経営する「ＢＥＮＩＨＡＮＡ」は、わずかな料理代はフイにしたものの、タダでＴＶや新聞で全米にその名をとどろかせることに成功した。

それからの数週間は、レストランは毎日が大入り満員だった。もちろん、お客さんはファーストクラスで名刺交換をした欧米各界の著名人セレブたち招待客である！

目の前のカウンターで料理してくれる料理人との対話、その心地よい安心感と一体感が生まれる日本独特の割烹スタイルは、あまり世界に例がない。

今まではウェイトレスが注文を取って、向こうの厨房でコックが調理したものをお客さ

まに運ぶだけだったが、それをお客さまと一緒になって目の前の鉄板で焼く。ただ料理するだけではなく、コックはサムライの真似をし、二本差しの包丁を巧みに刀のように振り回して面白く演技して場を盛り上げる。また、一つひとつの焼き方や大きさまで、個別のお客さまにていねいに聞いて対応してくれる。

ロッキーが未知のアメリカで鉄板焼きの「BENIHANA」で大成功したのも、この「only for me」が感動を呼んだからである。

ロッキーの成功は、ヒラメキのアイデアだけでなく、「有言不実行」→「不言実行」→「有言実行」→「有言即行」にまでもっていったところに要因があったのだと、あの時の機内での行動から思うのであった。

「歳をとれば、あなたは
二本の手があることに気づくでしょう。
自分自身を助ける手。
そして、他人を助ける手を」

オードリー・ヘップバーン
ハリウッド女優

搭乗開始前の機内準備も終わり、いよいよゲートが開けられてボーディング開始。いっせいにぞろぞろとお客さまの列がなだれ込んでくる。その一団の中に、光る人が近づいてくる。

ハリウッド女優のオードリー・ヘップバーンである。


彼女は、ファーストクラスは満席のため、どちらにも窓のないジャンボ機体前方にある広くて高い天井の客室真ん中の座席に座った。

「Mr. Kuroki」と彼女が言う。いわく、私はヘビースモーカーなのだが、今日は満席でこの禁煙席しかなかった、でもどこかで一服したいわ、と。

この銀幕の妖精は本当にスモーカーだったのか！

だが、そうは言われても空席はない。当時の国際線はまだ喫煙席と禁煙席が表示板一つで分けられているだけだった。今みたいに全面禁煙ではなく、喫煙席なら煙草は自由に吸えたが、残念ながら、どこにも場所がないと答えると、魅惑の笑みを浮かべた天使が私に聞く。

「Are you a smoker?」（あなた、煙草は吸う？）

「Yes!」（はい！）

クルーの皆さんはどこで煙草を吸うのか、私もそこでいいから……と言われ、ギャレー（調理場）へと案内した。

カーテンを後ろ手で閉めて薄暗い狭い内側で二人っきりの密室になる。

彼女は、ハンドバッグから煙草を取り出して私にも勧める。銘柄は、白いフィルターが綺麗なケント。興奮気味にすぐにライターで火をつけてあげる。彼女は私の手を両手で覆うようにして、くっつくほど顔を近づけてくる。

二人で長々と何本も煙草を吸いながら紫煙が立ち上る。その場の雰囲気は、もう映画『ローマの休日』そのものだった。

オードリーは私に聞いた。

「どの映画が好き？」

「一番好きなのは、やっぱり『ローマの休日』。次は、『ティファニーで朝食を』かな、いやその前にやっぱり『マイ・フェア・レディ』！」

「ああ、あれはほぼ実話なのよ……。私がオランダのアムステルダムで少女時代を過ごした頃、第二次世界大戦中だったわ、ナチに抵抗するレジスタンス運動が激しい頃に、クラブで踊っていたの。朝は花売り娘、昼はバレエのレッスン、夜はナイトクラブの踊り子と必死な10代だったのよ。英国の紳士から、いろいろと上品な英語を教えてもらった……。一番多感な頃の思い出がいっぱいつまった時代のストーリーなの」

成田空港から自宅に帰りついて間もなく、会社から電話がかかってきた。

「わが社が国際正式スポンサーになっているユニセフは事務局の君の担当だ。明日は休日のところ申し訳ないが、人手が足りないのでボランティアでコンサートイベントを手伝ってもらいたい」とのこと。蔵前の国技館でＪＡＬが主催する世界平和フィルハーモニーオーケストラのコンサートだという。

一つひとつの楽器の分野で右に出る人がいないと言われるほどの優れた芸術家が、この演奏会のために集まってつくったオーケストラのコンサートで、世界的にも珍しい試みだとか。

ＭＵＳＩＣ＆ＰＥＡＣＥをテーマに、音楽を世界の共通語にして世界平和に役立てたいという趣旨のもと、フランス人女性指揮者フランソワーズ・ルグランや帝王カラヤンの提唱でスタートした、いわば世界のコンサート・オリンピック。それを若手天才指揮者ジュゼッペ・シノーポリがタクトを振る。JALが世界で3番目に実現させるイベントだという。

内容を聞くうちに興味はわいてくるのだが、何しろロンドン便の長距離乗務を終えたばかりだから身体はクタクタで、手伝いであって強制はしないということだったから、生返事で聞いていた。

ところが、この企画のメインはユニセフの援助活動だという。

「そう言えば、さっきのフライトで一緒だったオードリー・ヘップバーンも、ユニセフ関連で来日したのだとかチラッと言っていましたが……」

「そりゃそうだ、このイベントのために彼女を呼んだのだからね」

それを聞いて、「明日、行きます!」と、すぐに返答した。


開演が近づくと、会社の役員や有名人がぞろぞろとやってくる。私たちは通りがかりの人たちをつかまえて、ユニセフのクリスマスカード販売に声を張り上げていた。

国技館の女人禁制の土俵には厚い板のパネルをかぶせて、オードリーはその上に立ってスピーチをした。

「美しい唇のためには、親切な言葉を話すこと。美しい目のためには、他人の美点を探すこと。スリムな身体のためには、おなかを空かした人々に食物を分け与えること。歳をとれば、あなたは二本の手があることに気づくでしょう。自分自身を助ける手。そして、他人を助ける手を」

彼女は1988年から、ユニセフ親善大使となり、ソマリアの難民の子どもたちのためにつくしている途中だった。子どもを救うことは神様が与えてくださったチャンスなのよ、と私に言った。

私と会ってから半年後に、オードリーは最貧困国の恵まれない子どもたちへの支援活動をするユニセフ親善大使としてソマリア視察中に、腹部の激痛で異変に気づく。

スイスの自宅へ戻ったが、すでに癌は全身に転移しており、間もなく63歳で天国へ旅立つ。

「精神的なリフレッシュでさまざまなアイデアに遭遇できます」

河野貴輝
TKP代表取締役社長

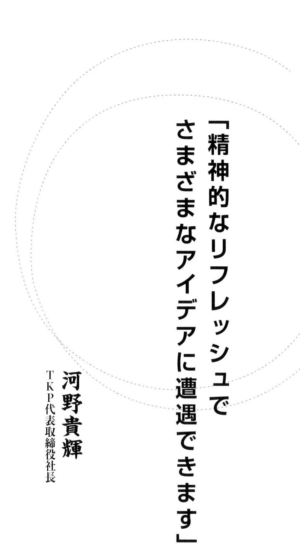

10数年前、青山の表参道でＨＩＳ創業者である澤田秀雄さんや、慶應義塾大学医学部眼科の坪田一男教授らとワイワイと飲んでいる時に、私の隣に座った青年がいた。

32歳という若い彼と名刺交換しながら話を聴くと、大分雄城台高校から慶應義塾大学商学部を出て、就職した伊藤忠商事が設立したカブドットコム証券の設立に関わったとのこと。その後は楽天銀行の立ち上げで執行役員などを経験していたが、オーナーとして事業を起こしたい気持ちが高まり、最近独立して「貸会議室」の会社を立ち上げたばかりだという。

「貸会議室ねえ、それで会社が成り立つの？」

「いや、学生時代にも会議室を探すのに苦労したものです。ホテルなどはバカ高いし、意外と貸会議室専用のスペースはないんですよ。気軽に借りることのできる会議室があればいいのに、と考えていたんです。

そんな時に、六本木の防衛庁跡地に取り壊しの決まった3階建てのビルがあって、1階のレストランが立ち退くまでの間、2階と3階を格安で借りる者はいないかとの情報が舞い込んだのです。そこで、賃貸料金を交渉して全部で月20万円の安値で、相場の3分の1で借りることにしたのです。

すると３階部分は建設会社が仮オフィスとして家賃25万円で使ってくれることになりました。そして、２階は『貸会議室』としてネットでＰＲしたのです。50人は入れる部屋を１時間あたり５０００円にしました。一人当たり１時間１００円ですから格安ですが、午前と午後それぞれ３時間ずつ貸しても、月間にすれば結構良い売り上げになりました！」

「え～と、一日６時間を貸し出したとして３万円だよね。で、１カ月にすると90万円。夜も貸し出すとなれば結構いける数字だねえ。３階からの収益が25万円で、２階から１００万円以上、そして賃料支出は20万円！　毎日埋まれば、獲らぬタヌキの皮算用じゃないけど、単純計算だと利益が１００万円以上……！」

「ええ、まあ、うまくいけばの話ですが。ただ、これをきっかけにして、空きビルや空き室を物色していたら、全国の地方を含めて、かなりの候補地が出てきたのです。それで現在は、その交渉展開中で、毎日飛び歩いています」

あの日から15年。先日、久しぶりに河野《かわの》貴輝《たかてる》氏に、都内ホテルの会合でバッタリ再会した。もう47歳になったと言う。聞けば、全国４２１施設で１万１９０６室にもなり、利用している企業は9万5000社、売上高は543億円だとか。東証マザーズに株式上場して、なんと資本金は120億円という。あの時の青年が！

「そう言えば、TKPの貸会議室を使って開催される大会に講演で呼ばれたりすることが多いけど、つい先日は総理夫人（当時）の安倍昭恵さんと勉強会で、市ケ谷駅前のTKP会議室を使ったばかり。至る所で大活躍じゃないですか」

「えっ、市ケ谷のビルにいらっしゃったのですか？　あそこは今TKPの本社なんですよ。SHARP本社ビルだったのを買い取ったのです」

「APAさんとも提携しているそうですね」

「ええ、APAさんは日本最大のホテルチェーンで大躍進中ですが、貸会議室も併設することで相乗効果を狙ったら、結構うまくいっています！　2000名を収容できる品川駅前の、昔のホテルパシフィック東京など、全国の至る所で、TKPガーデンシティ貸会議室の建物として有効活用しています。

発想の転換とヒントを得るには、やはりTV会議だけだと限度があるので、毎月2カ国を旅行しています。精神的なリフレッシュでさまざまなアイデアに遭遇できますからね」

ここ数年、オフィス移転のトレンドは「集約」だった。東京駅周辺の大規模な新築ビルに見られるように、社員を丸ごと収容できるスペースが生まれたことから、分散していた拠点をビル1棟やワンフロアに集めて、スピーディーな意思の疎通を図る動きが進んだ。

時代は、所有から利用に変遷し、働き方改革やイノベーション促進の観点から、オフィス設計を固定席から好きな場所を使って仕事をするフリーアドレスへと移行する動きも目立った。

だが、コロナウイルス騒動が、1カ所に社員が集まるリスクを浮き彫りにした。感染が確認されれば影響を受ける社員が多いうえ、オフィスが一時閉鎖となれば業務拠点を失ってしまう。感染の拡大を受けて、不特定多数の社員が机を共有するフリーアドレスを休止した企業も増加した。

TKPはこれをチャンスと見ているとか。オフィスの「集約」から「分散」への揺り戻し、部署ごとに別々の拠点を構える形でのテレワークとなり、貸会議室への需要は必然的に高まるはずだと。

本来は、どこの会社もコロナ不況に陥って、貸会議室どころの騒ぎではない沈滞状況だから、TKPの売り上げも相当に打撃を受けているはず。会議用に販売するお茶のペットボトルも、数万本の在庫を抱えたまま賞味期限が切れるので、河野社長は自分のSNSで格安で譲るので買い取ってほしいと呼びかけたほどだ。だが、彼は、落ち込むどころか、その先の先を読んで、ニコニコしながら夢と希望を語る。

幸福・不幸は、あなたの心、つまり脳が判断するもの。どんな苦難や失敗に遭っても、「ヨッシャア〜！」と、ガッツポーズを取るほどに明るく振る舞えば、脳は、これはマイナスではなくて、まだまだイケるのだと、プラス方向に錯覚をする。常にそのように振る舞っていると、そのように思考回路も、ついてくるものなのだ。そしてその考え方を習慣化すると、人格と運命まで変えることができる。「考え方→表情・行動→習癖→品性→人格→運命」となる。ミスをしたり叱られたりしても、「ヨシ、やるぞ！」と明るく振る舞うと、脳も肯定的なホルモン分泌に走り、強大なプラスの反発エネルギーへと転換していく。周りからの評価も大きく変わって、信頼されるようになる。

成功する人と失敗する人とは、たったこれだけの、分岐点での対応の違いでしかないのである。

「信じる道を精一杯歩いていると、
それなりに生きていけるものです」

安藤忠雄
建築家

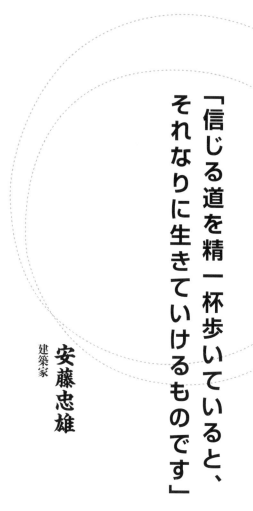

国際線機内では、顧客へ責任者として搭乗お礼の挨拶をして回る。こちらは立ったままだが、相手が席から立つことは一般的には当然ありえない。しかし、それでもわざわざ立ち上がって応じるていねい極まりない方が数人いた。こちらも恐縮するが、その礼節には感動すら覚える。

その数人のうちの二人が、「3%の会」発起人の一人でもあり、19歳でフライ級世界王者になった、日本プロボクシング協会元会長のファイティング原田さんと、あと一人。

のちに、その方から直筆の手紙をいただいた。

「都市について考えた展覧会を行います。NYCテロ後のグラウンド・ゼロの計画案や同潤会青山アパートの建替計画を含めて、大きな模型・ドローイング・映像・写真などを展示いたします。4月4日（金）5時30分よりオープニングを行います。ぜひ遊びにきてください。黒木さんに紹介できそうな面白い人も集まりますので、ぜひお越しくださいい……」

便箋には自分の可愛い似顔絵まで手書きし、署名までしてある。

手紙の主である彼は、大阪の下町にある長屋で双子で育ち、ボクサーを目指してリングに立つ。ファイトマネーもそれなりに稼ぎながらプロへの夢を見続ける。しかし、ファイティング原田さんの練習風景を目の当たりにして、その群を抜く才能に圧倒され、これは努力だけではついていけない世界かもしれないとプロを目指すのを諦める。

14歳で家を増築する機会があり、隣の大工さんと一緒に工事をやらせてもらう。長屋の屋根を解体した時に天井にポッカリと大空が見えたのに大感動、それが興味の始まりとなり、建築家を目指す。

工業高校を卒業後、19歳の1年間はいっさい外出もせず、通信教育で建築学を独学で習得することを決意、朝9時から翌朝4時まで机に向かい、大学4年分の勉強を1年で終えると心に誓う。睡眠時間はほんのわずか。猛烈な闘志をもっていた。

4年間かけてヨーロッパやエジプトなど世界中の建築物を見て回り、やがて、頭角を現して世界的な建築家になっていく。後に、イェール、コロンビア、ハーバード大学など世界的な超名門大学で教壇に立つほどに高い評価を得て、外国から逆輸入的に、まれに見る、高卒での東大教授就任となる。建築家・安藤忠雄《あんどうただお》である。

アムステルダム駅を模したと言われる、明治時代を代表する赤レンガ造りの重要文化財、東京駅で『安藤忠雄建築展２００３』が開催された。

脚立に登った多くの報道陣がカメラを構える列の奥正面に、白手袋と金モールの礼装姿の駅長が私を迎えるようにこちらに正対している。初めて見る光景だ。会場を間違えたのかもと思うが、奥のほうからこちらへ視線を合わせて微笑んでいる安藤忠雄さんが見える。安心して奥に進みながら、ヤアヤアと、手を大きく振った。

安藤さんが先頭に立って、パリのセーヌ川に建設する現代美術館の模型などを皆さんに説明して回る。日本人がパリ中心地の欧州最大の美術館建築を手がけるとは、明治時代の誰が想像しただろう。安藤さんは政財界、芸能界の第一人者たちであふれかえっているのに、一人ひとりに長きにわたる親友として鷹揚に接している。

「自分は小さい頃から物をつくるのが好きでした。美しい町を生み出すために現在も自らの美学と環境を考えた建築という困難な課題を二つながら追い求めたい」と、安藤さんのスピーチ。

集まった人たちの温かい声援に、楽しい、気のおけない素敵な仲間たちがあってこそ、と感じざるを得なかった。彼は建物だけではなく、世界中の優れた人間も観て回っていたに違いない。

帰りの出口で、「黒木さん、ちょっと、これ」と言いながら、デッサン作品集の分厚い本の表紙裏に絵を描きはじめる。家の形を描いて、その家に、「SUMIYOSHI」と書いて私に渡す。大阪の下町「住吉」、建築界のノーベル賞であるプリツカー賞受賞者でありながら、その原点をいつまでも大切にする彼の純粋さに心を打たれる。

実るほど頭を垂れる稲穂かな。菩薩は実が入ればうつむき、通常の人間は偉くなると、あお向く。世の中に「偉い人」はいない、自分がそう言っているだけである。ただ、世の中には「立派な人」はいる。安藤さんは純粋な子どもが、そのまま大人になったようにあどけない。

高邁な美学、人間学、それはよき仲間たちによって培われるものであろう。

安藤さんは、拙著『出過ぎる杭は打ちにくい!』（サンマーク出版）の感想でこう述べている。

「日本という国で、自分だけの力で生き抜いていこうと思ったら、出る杭として打たれる前に、出過ぎる杭!くらいじゃないといけない。自分と他人を比べるのじゃなく、信じる道を精一杯歩いていると、それなりに生きていけるものです。私は建築界では評判が悪いですよ。ものすごく評判悪い。だけど少なくとも海外の人なんかは、わりと、『出る杭とぶつかって面白いことをしましょう！』と思ってくれるんです。私のもとに来る海外からの仕事の依頼者には、そういう人が多い。彼らには私がどういう学歴であろうが、そういう氏素性であろうが無関係です。日本では、どこの大学を何年に卒業したというようなことばかりを云う人がいますよ。どういう感覚なのか、私にはまるで理解できませんが。これもそろそろ大人が変えなくてはいけないことです……」

神さまはサイコロを振らない！

努力した分は、必ず神さまが応援してくれる。チャンスは寝て待て、と運を天に任せるようでは、羅針盤も舵もない、ただのいい加減な人生の漂流船でしかない。「チャンスは練って待て！」なのである。

「サザコーヒーは、タダコーヒーから始まります」

鈴木太郎
サザコーヒー代表取締役社長

9世紀のエチオピアで少年は山羊が興奮しているのを不思議がり、食べている木の実を修道僧に持参した。

カフェインが含まれたコーヒーの発見である。

エチオピアは人類発祥の地、標高4000mの山が多い国。イスラム教は飲酒禁止なので興奮作用のあるコーヒーが酒代わりに飲まれるようになり、ワインのアラビア語「カフワ」が「コーヒー」になる。

キリスト教徒の聖なるワインをイスラム教徒は飲めないので悪魔の飲み物であるコーヒーを与えられる罰を受けているのだ！と噂が流れ、ヨーロッパではイスラム圏から来たコーヒーの流行に賛否両論の大混乱が起こる。

ローマ教皇はコーヒーを裁判にかけるが、味見した教皇は香りと味に魅了されて、なんと悪魔の飲み物は洗礼することでキリスト教徒が飲んでも良いと公認する。

17世紀にはベニスの商人が世界に広めていく。

ワインに代わる衛生的な飲料と受け入れられるが、フランスでは心身に悪影響を及ぼすと迷信が広がり、コーヒーの毒性を消すためにコーヒーに牛乳を入れるカフェ・オ・レが考案された。

日本には18世紀に長崎の出島にオランダ人がもち込んだが、風味が日本人の嗜好に合わなかったのか、「焦げくさくて味わうに堪えず」とある。

コーヒーの花がジャスミンに似た白い花だとブラジルの広大な農園で知った。

ブラジルでは、薫り高く濃厚な苦みの泥みたいなコーヒーがデミタスカップで出てきて、砂糖をたっぷりと混ぜて飲む。

ブラジル人のお客が何袋も砂糖を使う習慣から、ブラジル便の機内にはかなりの増量で搭載してあった。


目の前で鈴木太郎《すずきたろう》さんは元気よく話を始めた。

「ゲイシャ・コーヒーって飲んだことがありますか？

世界で最も高価なこのコーヒーがそうですが、今日はこのパナマ産ゲイシャ・コーヒーを飲んでいただきます！

コーヒーは北回帰線と南回帰線の赤道近く、コーヒーベルトの約70カ国で生産されて輸出されます。海抜１０００ｍ以上の高地で栽培されますが、ゲイシャは１７００ｍの地域で栽培されるので管理が難しく、収量も少ない貴重品、中でもこのパナマ産は最高級品、

1kgで6万円もしますから、一杯あたり2000円するものです。

今日は世界コンテストで入賞しているコーヒー淹《い》れの専門家バリスタが用意します。

ゲイシャは、エチオピアのカファ地方のゲシャ村で1931年に発見された新品種名ですが、芸者とは無関係です。

このカバンの器械で豆を焙煎し、挽きますのでご覧ください！」

60万円のジュラルミン特注カバンには焙煎器とミルが格納されている。月の半分は海外に出かけてコーヒー栽培地に行き、到着するとその場で焙煎して飲んでみてから商取引をすると言う。

「サザコーヒーは、タダコーヒーから始まります。座って楽しく美味しいコーヒーを飲みませんかと、まず本格的な美味しいタダの一杯を差し上げる。納得してファンになった方々がどんどん増えて今日があるのです」

サザコーヒー……。聞いたことがなかった。

茨城県ひたちなか市で1969年に開業し、本店でもコーヒーを飲むために2時間待ちもあると言う。

サザコーヒーは父の鈴木誉志男会長が開業、独自の仕入れや焙煎方法を積み重ね10店舗を運営してブランドを築き、2代目の太郎さんが業界で確固たる存在を築く。

太郎さんは、高校を中退し、再入学で留年、20歳で卒業した。

23歳で大阪のコーヒー豆問屋で働き、東京農大へ進学する。大学を卒業すると父親がコロンビアで買った農園に渡り、帰国後は手腕を発揮して商品開発に挑戦し、都内出店へと発展させる。

「最高の豆の買いつけと啓蒙に東奔西走し、パナマのエスメラルダ農園で生産されるゲイシャは世界一高価で上品な果実の香りと甘い味だと、競売では3年連続で最高価格で落札しました。世界最高の味を提供できるのは、世界中探してもこのサザコーヒーだけなのです！」

鈴木太郎・サザコーヒー社長、その爽やかさと明るさ、それにも増して、絶品のコーヒー。

東京・丸の内にも出店していて、これからかなりの話題になるだろう。

2時間待ちで飲む一杯の価値は、十分にある！

「『心のコンパス』の向くままに生きていく」

冒険家
南谷真鈴

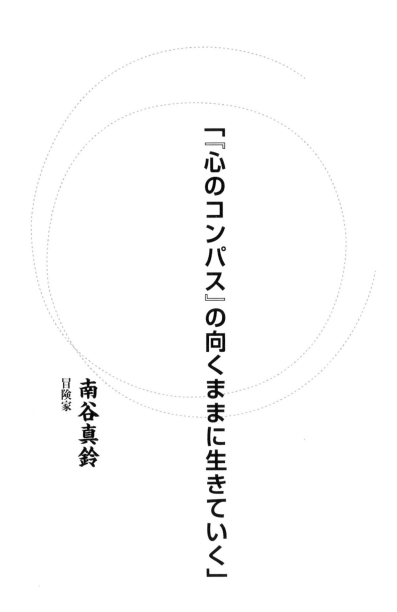

「17歳の高校時代、７大陸最高峰を征した著名な日本人男性に頭ごなしに怒鳴られたんです。『君みたいな女の子がエベレストに登ろうなんて馬鹿な！　できるわけがない、絶対無理に決まってる！』って。

相談しただけなのに、大声で何度も否定されました。でも、その翌年の２０１５年10月には、18歳でマナスル登山に成功して日本人最年少記録と女性世界最年少の世界記録を達成して、半年後の２０１６年５月23日には、19歳で最高峰エベレスト（８８４８ｍ）に日本人最年少記録で登頂できたんです。実際にやってみたら、できないことなんて全然なかったんです」

そう明るく語る彼女は、早稲田大学の後輩で、数知れない遭難死者が出ている7大陸最高峰を1年ちょっとで征服してしまい、19歳で世界新記録を塗り替えた奇跡のヒロインである。それだけではなく、北極点・南極点にも、せっかくだからと、ついでに！到達してしまったツワモノなのだ。

南谷真鈴《みなみやまりん》、１９９６年12月20日、川崎生まれ、Ｏ型。

その底抜けに明るい世界はどこからきているのか。

2014年、中高一貫教育の東京学芸大学附属国際中等教育学校に通う。親は海外在住中で、一人暮らし。2学期の期末テストの最中に、目指すエベレスト登頂へ向けて、高所順応準備の最初のステップとして、南米大陸最高峰のアコンカグア（6959m）の登山を計画する。アコンカグアは、七大陸最高峰のなかではエベレストに次ぐ高い山である。

女子高生は親に相談もいっさいせず、メーカーやマスコミなど、企業回りをして、独力でスポンサー探しをした。何のコネもない状態からスポンサーを探すために、1000件以上のメールも出したという。

17歳の女子高生が一人で、海外冒険の資金援助をしてくれと、足を棒のようにしてさまざまな企業やTV局、新聞社などを恐れ知らずに頼んで回っている姿は、想像もつかない。親からは当初から一銭たりとも援助してもらっていないという。

2014年12月18日、期末テスト終了のその日に、南米は真夏のアルゼンチンへ出発。二日後に18歳の誕生日を迎え、生と死のはざまを初めて経験する登山で、2015年正月3日に頂上を征服する。

その後、彼女は難関の早稲田大学政治経済学部に入学する。

大学生初の夏休みの8月6日には、キリマンジャロ（5895m）を、そのわずか17日後にはヨーロッパのモンブラン（4809m）の登頂にも成功。秋には、ヒマラヤのマナスル（8163m）を登頂する。

続けて、12月13日にはオーストラリア大陸最高峰のコジウスコ登頂、その足で南極に向かい、12月28日に南極大陸最高峰のビンソン・マシフ（4892m）に登頂成功する。

せっかくだからと、2016年1月11日には、ついに南極点に到達した。

さらに2月14日には、インドネシアにあるオセアニア最高峰のカルステンツ・ピラミッド（4884m）を制覇。

3月22日には、黒海とカスピ海の間にある、ロシアのヨーロッパ大陸最高峰エルブルース（5642m）へ登頂、下山したその日のうちに、モスクワから最終便に飛び乗って帰国するという、信じられない神業を成し遂げる。

帰国後のわずか二日間という日本滞在中には講演をこなして、そのままエベレストへ向かった。

遭難・滑落や高山病で登山中に死んだり、断念・脱落下山する者が続々と続く中、多大な困難を克服して、ついに夢に見た世界最高峰のエベレスト（８８４８ｍ）の頂上を極める！　２０１６年５月23日、19歳、日本人最年少の登頂記録を樹立した。

彼女は、エベレストから帰国するや、そのまま、６月４日にはアラスカへ向かう。

エベレスト登頂から間もない７月４日には、かの世界的冒険家の植村直己が遭難死した北米大陸最高峰のマッキンリー（現・デナリ／６１９４ｍ）を征服する。

何と、２０１５年１月３日の南米アコンカグアから、翌２０１６年７月４日までのわずか１年６カ月で、女子高生の夢想でしかないと誰もが思っていた夢物語、『７大陸最高峰制覇・セブンサミッツの日本人最年少記録を樹立』を成し遂げてしまったのである。

驚異的な快挙だと言わずして、何と表現できようか。

「ここまでくれば、もう世界初しかない！」と驀進の勢いで、２０１７年４月13日には、北極点到達に成功。

７大陸＋北極点＋南極点の制覇者に与えられる名誉「エクスプローラーズ・グランドスラム」を、「世界最年少記録・20歳１１２日で達成」、世界史の頂点に立ったのである。

キラキラと輝く瞳と、爽やかな笑顔と、明瞭な話し方。目の前の本人から物語を聞いているだけで、とにもかくにも、「素晴らしい」の言葉しか出てこない。

南谷真鈴は、言う。

「誰かから『君には無理だ』って言われて何かを諦めたり、自分の可能性に蓋をする人がいたら、本気でやれば何だって実現できるのだということを心から伝えたい。私は自分の生き様を通してそれを証明し、皆の人生に前進する勇気をもってもらいたいのです！」

成功の反対は、失敗ではなく、諦めること、行動しないことである。

人に足を引っ張られたぐらいで諦めると、本当に何もできない人間になってしまう。

他人の意見に従ってばかりいると、どんどん自分が小さくなってしまう。

ずっとぬるま湯に浸かっていると、何が正しく、何が幸せかもわからなくなってしまう。

「叶えられない夢はない。私は本当に山を登っているけれど、誰もが自分が思い描く人生の『山』を登るために一緒に挑戦を続けましょう！」

早稲田大学新聞のインタビューでは、次のように語ったとか。

「最初からできないと決めつけていたら何も始まりません。何でもいいので、ちょっとした負荷を自分にかけてみることじゃないでしょうか。

『できそうにないな』と思う仕事でも、『やってみます』って思い切って言ってみるとか。先輩がやっている仕事を『私にもやらせてください』って言ってチャレンジしてみるとか。

自分にとって『ちょっとだけむずかしいこと』に関わっていくようにすると、これまでとは違った景色が見えるようになります。

『心のコンパス』の向くままに生きていく人生こそが、一番幸せな生き方だと思うんです。

もしも『心のコンパス』に従うのが苦手な人がいたら、その筋トレとして、まずは美味しいものを食べたら『美味しい』って声に出して言ってみてください。

よく晴れた空を見たら『今日は天気がいいなあ』『空が青いなあ』とちゃんと口にしてみてください。

そうやって自分の感情を言葉にして、素直に受け止めることが、『心のコンパス』に従って生きるための第一歩です。

最初はぎこちなくてもいい。続けていると、本当に気持ちまで楽しくなって、今よりもずっと正直で、前向きな自分になれるはず。

誰かが『こちらに進みなさい』と立てた標識に従う必要はいっさいありません。

私たちは皆、一人ひとりの『心のコンパス』を信じて自分の進む道を決めていくことができるんですから」

「大丈夫、大丈夫」

武見太郎
日本医師会会長

日本医師会会長を25年間も務めて、ついには世界医師会の会長まで登りつめ、ワンマン、ドン、怪物、悪太郎、わからず屋、ヤミ将軍……と呼ばれた、「ケンカ太郎」こと、日露戦争時代に生まれた武見太郎《たけみたろう》氏。

医師会のみならず薬剤師会・歯科医師会を含めた「三師会」も牛耳って、泣く子も黙る武見天皇と呼ばれた。

その武見天皇を先頭に日本医師会重鎮の皆さんがJAL機をチャーターしてブラジルを往復した。私は乗務員としてその便を担当した。

地球の反対側まで飛んでいく、気が遠くなりそうな長距離便で、ご老体であってもカクシャクとした武見医師と長く話す時間に恵まれた。

世間では、怖くて近寄れない存在だと言われていたが、機内で読書中に話しかけても、優しい眼差しが返ってきた。

「私の父が太平洋戦争で外地の戦線にいる時に、ほとんどの兵隊が赤痢などの疫病でバタバタと倒れたそうです。ただ父も含めて、梅干を一日にひと粒ずつしゃぶっていた者たちは、不思議と生き残ったそうです。

私が文部省派遣の高校生留学で米国に渡る時に、その話を聞かせながら父母が持たせてくれたのが、梅干が詰まった壺でした。そのお陰か、風邪もひかずに無事に帰国しましたが、今もフライトで常に持参しています。梅干って、何がそんなにすごいんでしょうかね？」

するると、武見医師は次のように話した。

「ああ、あの酸っぱさは、『クエン酸』といってね、柑橘系のレモンや柚子、オレンジなどがそうで、酢も同様だが、身体に良いことは間違いないね。人体に一日に必要なクエン酸摂取量は2～5ｇだから、レモンだと1個、梅干だと4個分かな。

ほとんどの病気は、ミトコンドリアにとって毒素になる乳酸が溜まって、血液や細胞、体液が酸性になっていくのが原因だから、これを弱アルカリ性に変えることができれば予防と治療に効果的なのだ。

クエン酸は運動やストレスで溜まった疲労物質の乳酸を炭酸ガスに分解して尿として身体の外に出す。血液をサラサラにするんだ。血液がドロドロになると、高血圧、心筋梗塞、脳梗塞、動脈硬化、腎臓病だね。痛風の治療薬にはクエン酸が入っている。血液がサラサラになると、新陳代謝を促して冷え性改善、生理痛予防、美肌に効く。集中力がアップする。老化防止、癌予防にももってこいだ。まあ、いわば自然界の万能薬だな」

「おお～、それはいいことを聞きました！　では、病気予防と健康維持のためには、ＪＡ

L乗務員たちもクエン酸を多めに摂取するようにすれば良いのですね、早速、社内報で流しましょう」

ドン武見医師は即座に手を横に振って、話を遮った。

「いやいや、それはダメ！　クエン酸が世に広まったら、我々医者たちや病院どころか製薬会社も廃業するしかないよ。クエン酸が一番良いのはわかっているけど、サツマイモでつくれる白い粉末だからどこでも手に入るし、１kgで数百円と安価すぎて、とてもじゃないがワシらは商売にならない。医者イラズの世の中になって、とんでもないことになってしまうからね！」

手軽に病気が治る方法を世間に流布されては困るとは！

ドン武見医師は、つけ加えた。

「クエン酸を小サジ半分ぐらいスプレーボトルに入れてトイレや風呂、鏡などを掃除すると綺麗に磨かれて殺菌消毒にもなるよ。１００年前の、抗生物質がない時代だが、イギリスで登場したのが手術時の消毒や淋病治療に使うリスター博士の『リステリン』だ。口内洗浄液のマウスウォッシュだね、化学式ではクエン酸と効能もそっくりだ。

クエン酸は、炭酸カルシウムを溶かすので、便器の尿石・浴室・電気ポット・加湿器内部に溜まった水垢の洗浄に役立つし、漬物に一つまみまぶすと実に美味いよ！　生牡蠣に少し振りかけるとレモン汁どころか、グッと味が引き立つから病みつきになる。ジュース、炭酸水、酒や焼酎など、味がガラッと美味くなる」

話が延々と続く1万m上空の雲の上。信号もないから、だれも話を止めてくれない。まさに、ご本尊からタダで学べる、駅前留学どころか、「客前留学」の有難さであった。

戦時中も戦後も、銀座4丁目に武見診療所があり、保険適用をしなかったそうだ。だが、入り口の貼り紙には、こう書いてあったという。

「次のような人は順番にかかわりなく、直ぐに診察します。
一、特に苦しい人、一、現役の国務大臣、一、80歳以上の高齢の人、一、戦時職務にある軍人」

武見医師は第37代総理大臣の米内光政の主治医でもあった。
幸田露伴、西田幾多郎、鈴木大拙、幣原喜重郎なども診療を受けて、近衛文麿元首相も首相を辞めた後は行儀正しく順番を待っていたという。

「ぼくがすれば痛くないよ」と声をかけて軽いスキンシップをしながら、いつもニコニコして「大丈夫、大丈夫」と声をかける優しい診察だったと伝説が残る。

コワモテのドンは、実は正論と正義を貫く頑固者、日本を代表する「赤ひげ」だったのかもしれない。

おわりに

「超一流」の人とは、「人生の達人」のこと。

「三流は金を残し、二流は名を残し、一流は人を残し、超一流は感動を残す」

では、感動はどこから起こるのか？　まずは、人格を気に入ってもらうことだ。人から好かれないと話が始まらない。

その、好かれる人たちの習慣こそが、この本にご登場いただいた方々の共通点になる。

人間は、心地よさを与えるα波とストレスで精神的にも疲労感を残すβ波の二面性をもち合わせて生活している。どちらの「波」を強く発しているかで、「この人ともっと一緒にいたい」と思われる人か、あるいは「一刻も早く離れたい」嫌な人かに分かれる。

そして人生の達人である超一流は、人さまに不快感を与える事象を、快感のα波に転換して発信できる才のある人なのだ。だから、周りからも好感をもって迎えられ、それが尊敬と「成幸」へと結びつき、一挙手一投足が感動を呼ぶ。

人の心には、「3匹のタイ」が住んでいる。

「認められタイ」↓愛情の反対は憎しみではなく、無関心。自分の存在が無視されることほど寂しいものはない。認められると、PASSION（熱情）がわく。

「褒められタイ」↓犬だって褒められるからお手をして尻尾を振る。お手をするたびに棍棒で殴ったら二度とやらない。褒められるとヤル気と生き甲斐が生まれ、もっと頑張ろうという気持ちになる。HI-TENSION（気分高揚）だ。

「お役に立ちタイ」↓「人生の最大の悲劇は自分が誰からも必要とされていないと知ること」と、マザー・テレサが言うように、どんな小さなことであっても、感謝されると清々しい充足感が残る。MISSION（任務・役割）である。

まさに、PASSION・HI-TENSION・MISSIONの三つが人を動かすα波の要諦だが、では、どうすれば良いのか？

次のような会話で考えてみよう。

「良い天気で気持ちいいですね」と言ったとたん、「でも、明日から下り坂らしいですよ」。

「この作品は素晴らしいですね」に対して、「でもねえ、私は嫌い」。

「ここのレストランは美味しいですね」に対して、「しかし、この味付けじゃねえ」。

一番目の会話。今日は天気が良くても、明日は本当に雨が降るのかもしれない。ただ、このように返されて、あなたは嬉しくなるだろうか？

試しに、今日から、相手が言うことすべてに「でも」や「しかし」をつけて返してみるとどうなるか？　三日で友達は一人もいなくなるだろう。

あなたが何気なく使っている接続詞の「でも」や「しかし」は、私はあなたに反対です、同意しません！と、ケンカを売っている典型的なβ波なのだ。

「しかし、でも、どうせ、だって」と、相手を拒否する言葉は、潜在的に敵対させる心理を植えつけていく。

一しか知らないくせに十を知っているかのように、相手との会話に「しかし」をつけて上に立とうとするのは嫌われ者の典型である。

それを「成幸者」たちがやっているα波に変えるにはどうすれば良いのか？

その方法は、十を知っていても、「なるほど！」と、一も知らない振りをして、会話に合いの手を挟むことだ。

それに加えて、ゲキウマ調味料であるＳＯＳの相槌を万遍なく会話に振りかける。

Ｓ　素晴らしい・素敵・すごい！
Ｏ　面白い・おかげさまで・驚きました！
Ｓ　さすが・最高ですね！

攻撃的なドッジボールではなく、相手が受け取りやすいボールを投げれば、相手もいいボールを返してくれる。思いやりのキャッチボールとなり、一瞬にして「３匹のタイ」が元気に泳ぎ出すことになる。

人生の極意は、これはと言われる生き方の達人をパクることだ。

だからこそ、「成幸」するには、「成幸者」に会え！

さあ、今すぐに、有言即行で！

黒木安馬

著者紹介

黒木安馬（くろき・やすま）

文部省派遣留学生として米国 Oxford 高校卒業後、早稲田大学を経てJAL 入社。国際線乗務員として 30 年間乗務。その距離、地球 860 周、フライトタイム 2 万時間。

機内で松下幸之助、本田宗一郎、オードリー・ヘップバーンなど世界的VIP たちと出会い言葉を交わすなど、貴重な体験をする。

現在、人財育成コンサルタント Institute of Success Technology Japan ／株式会社日本成功学会 CEO。

自分磨き全国塾「3% の会」を週末に主宰、20 年で会員は 1 万人になる。

主な著書に、『ファーストクラスの心配り』『あなたの「人格」以上は売れない！』（ともにプレジデント社）、『出過ぎる杭は打ちにくい！』（サンマーク出版）、『成「幸」学 人生の「正面教師」たち』（講談社）、『面白くなくちゃ人生じゃない！』（ロングセラーズ）、『リセット人生・再起動マニュアル』『小説・球磨川（上下巻）』（ともにワニブックス）などがある。

公式サイト　http://www7b.biglobe.ne.jp/~sanpercent-club/
Mail　kuroki.yasuma@gmail.com

雲《くも》の上《うえ》で出《で》会《あ》った
超一流《ちょういちりゅう》の仕事《しごと》の言葉《ことば》

〈検印省略〉

2021年 4 月 9 日 第 1 刷発行

著　者――黒木 安馬（くろき・やすま）
発行者――佐藤 和夫

発行所――株式会社あさ出版
〒171-0022 東京都豊島区南池袋 2-9-9 第一池袋ホワイトビル 6F
電　話　03 (3983) 3225 (販売)
　　　　03 (3983) 3227 (編集)
F A X　03 (3983) 3226
U R L　http://www.asa21.com/
E-mail　info@asa21.com
振　替　00160-1-720619

印刷・製本 (株) シナノ

facebook　http://www.facebook.com/asapublishing
twitter　http://twitter.com/asapublishing

ISBN978-4-86667-264-9 C2034